帆船仲裁手册

世界帆船运动联合会　编著

总 编 译：曲 春
翻　　译：辛 婧　姜作濡　王 喆
编　　审：康 鹏　张春尧

中国海洋大学出版社
·青岛·

图书在版编目（CIP）数据

帆船仲裁手册／世界帆船运动联合会编著．—青岛：
中国海洋大学出版社，2019.9
ISBN 978-7-5670-2402-1

Ⅰ．①帆… Ⅱ．①世… Ⅲ．①帆船运动－运动竞赛－
国际仲裁 Ⅳ．①G861.44-62

中国版本图书馆 CIP 数据核字（2019）第 200413 号

出版发行	中国海洋大学出版社			
社　　址	青岛市香港东路 23 号		邮政编码	266071
出 版 人	杨立敏			
网　　址	http://pub.ouc.edu.cn			
电子信箱	2586345806@qq.com			
责任编辑	矫恒鹏		电　　话	0532-85902349
排版设计	青岛友一广告传媒有限公司			
印　　制	青岛国彩印刷股份有限公司			
版　　次	2019 年 9 月第 1 版			
印　　次	2019 年 9 月第 1 次印刷			
成品尺寸	140 mm ×210 mm			
印　　张	5.75			
字　　数	186 千			
印　　数	1～2 000			
定　　价	58.00 元			

发现印装质量问题，请致电 0532-58700168，由印刷厂负责调换

前 言

　　本手册的初衷是作为以成为国际仲裁为目标的裁判积累知识和经验的学习工具书。它还应作为国际仲裁的一份参考指南，旨在激励他们在世界范围内促进判罚尺度的一致性。

　　鉴于我们的运动在不断地变化发展，诸如此类的手册必须是一个需要不断更新的"活"文件。我们始终欢迎为改进本手册的一切努力，包括新的课题与实时的更新。更新的版本将在世界帆联网站上发布，做出相应的更改和增加。

　　特别鸣谢那些经验丰富的国际裁判为本手册做出的贡献。

安德烈斯·佩雷斯

（Andres Perez）

世界帆联国际仲裁支委会主席

使用注意事项

为清楚明了起见，本手册在提及"船"时使用了历史意义上的女性人称代词"她"，在提及"人"时使用了男性人称代词"他"。

然而，仲裁界的成员发现，性别并不能决定"他"或"她"作为仲裁的能力。

目 录

A 基础

A.1 介绍

仲裁在帆船赛中的职责是要确保比赛的公平性。其作用在很多方面是独一无二的。首先,仲裁要解决选手之间的争议。为了做到这一点,并且被视为是公平且依照规则地做到了这一点,仲裁必须彻底悉知《帆船竞赛规则》。

其次,仲裁经常被要求在赛事的许多其他关键方面给予支持,诸如复审竞赛通知和航行细则,决定丈量问题和让分规则遵从问题,观察犯规情况,执行水上推进规则及更多其他方面。

最后,但并不代表不重要,仲裁是被请来就有关竞赛公平做出裁决的。要做好这些是一项极具挑战的任务,且有时候会有些困难。

帆船运动要感谢那些努力获取必要知识和经验,并承担起这一责任,致力于将这项运动发展得更好的人们。如此致力于这项工作的人为我们的运动做出了巨大的贡献。

A.2 术语的含义

《帆船竞赛规则》("规则" 或 "RRS")
世界帆联管辖范围内的竞赛使用的规则。

世界帆联守则和规章
规则的定义包括以下世界帆联守则:
规章 20　广告守则;
规章 21　反兴奋剂守则;
规章 37　博彩和反腐败守则;

规章 35　纪律守则；

规章 19　资格法规；

规章 22　选手分级法规。

它们不包括在 RRS 内,因为它们在规则的每四年的出版循环中随时可能更改。更改的内容将通过世界帆联网站 www.sailing.org 和成员国国家管理机构发布。

《案例书》("案例")

世界帆联出版竞赛规则的解释。《案例书》被视为是对规则的权威解释。它们是基于提交至竞赛规则委员会的上诉和问题。它们澄清规则的含义或解答有关冲突说明的问题。规则、规则的更改和案例在接受竞赛规则委员会推荐的基础上,由世界帆联理事会采纳。规章 28.3 表明《帆船竞赛规则》和《世界帆联案例书》是对所有竞赛规则的权威解释。当解释这些规则时,仲裁要遵循世界帆联规则和案例。

问答(Q&A)

世界帆联竞赛规则 Q&A 发布在世界帆联网站上,这项工作是竞赛规则委员会和竞赛官员委员会的共同责任。

这些答案由经验丰富的竞赛官准备,旨在为竞赛官员、成员国管理机构、世界帆联级别协会提供服务,他们可以通过世界帆联提交有关 RRS 的问题。

这些答案不是对 RRS 的权威解释,但是由经验丰富的竞赛官员认真考虑后所提供出来的意见,代表了一项重要服务。

这些问答会被进一步考虑归纳到世界帆联《案例书》/《判例书》(对抗赛和队赛)中。

此服务不能用来"代替"上诉过程,只是提供针对 RRS 问题的考虑后的意见。

世界帆联

世界帆联是管理帆船运动的国际机构。它包括成员国管理机构、级别协会和其他隶属组织。世界帆联的诸多责任和项目之一是对国际竞赛官员进行培训和认证,包括国际仲裁、国际现场裁判、国际竞赛官、国际丈量员、国际分级官和技术代表。

国家管理机构

国家管理机构是在其权限内管理帆船运动的组织,并且是世界帆联的成员。许多国家管理机构有额外的责任,比如休闲船和动力艇的竞赛。

成员国管理机构经常对竞赛规则做出额外规定。这些规定通过航行细则的形式包含于国家管理机构管辖下的竞赛执行的规则之中。它们很少被用于国际赛事,尽管一些国家管理机构规定它们的那些规定不得被删除。

大多数国家管理机构会任命一个委员会来审理针对抗议委员会裁决的上诉。上诉程序因国家／地区的规定而异。最高上诉机构是该赛事举办地所属的国家管理机构。世界帆联不审理上诉。

国家管理机构可以向世界帆联竞赛规则委员会提交其认为要澄清或寻求帮助解释某一规则的上诉案。如果委员会同意该裁定或认为澄清是有利的,它将接纳那个上诉案作为世界帆联的案例,但须经世界帆联理事会的批准。

组织机构

组织机构是计划和运行竞赛或赛事的主体。它可能是俱乐部、级别协会、国家管理机构、世界帆联自身或以上所述的任意组合。组织机构会任命竞赛委员会。组织机构或世界帆联会任命抗议委员会或国际仲裁委员会。

竞赛委员会

竞赛委员会是由组织机构任命的实施竞赛的委员会。它负责发布航行细则及计分说明。当组织机构没有任命抗议委员会或国际仲裁时,竞赛委员会负责任命抗议委员会来进行审理。竞赛委员会成员可以在抗议委员会中任职,但不能审理根据规则 62.1(a)涉嫌由竞赛委员会不当行为或疏忽而提出的补偿要求。根据规则附录 N 组建的抗议委员会是国际仲裁委员会,它需独立于竞赛委员会且不包含竞赛委员会成员。

抗议委员会

抗议委员会审理抗议、补偿要求及涉嫌违反规则 69 的事件。它由组织机构或竞赛委员会任命。它可以独立于竞赛委员会或作为竞赛委员会的支委会。当符合附录 N 的要求时,它有资格作为国际仲裁委员会。在审理抗议和补偿要求时,国际仲裁委员会被称为抗议委员会。

国际仲裁委员会

国际仲裁委员会是符合规则附录 N 的要求的抗议委员会。它由组织机构任命并经国家管理机构的批准(若国家管理机构有相关规定),完全独立于竞赛委员会。

国际仲裁委员会由悉知竞赛规则且具有丰富的抗议委员会经验的水手组成。其成员是由来自不同成员国管理机构的人组成,他们中大多数需是世界帆联认证的国际仲裁。只要该委员会是根据附录 N 的规定程序实施的,则如规则 70.5 所述,其裁决不得提出上诉。

国际仲裁委员会的职责包括审理和裁定所有的抗议、补偿要求和根据规则第五章提出的其他问题。当受组织机构、竞赛委员会或技术委员会邀请时,它也将就任何直接影响竞赛公平的事项提出意见和提供支持。它裁定资格、丈量或系数证书的问题,并且根据规则批准选手、船只或器材的更换。国际仲裁委员会还解决组织机构或竞赛委员会提交的问题。

技术委员会

技术委员会由赛事的组织机构或竞赛委员会任命,在组织机构的指示及规则的要求下进行器材检查和赛事丈量。他们的职责包括在比赛开始前丈量船只并检查其是否符合级别规则,并在赛事期间进行检查(诸如帆是否张挂在黑色的限制带内、压舱物的分布、服装重量等)。技术委员会还将在赛事中负责解释级别规则。

仲裁、国家级仲裁和国际仲裁

术语"仲裁"经常被用来描述参与裁决的抗议委员会的一名成员。运行国家级仲裁培训计划的国家管理机构授予具有适当资质的人员"国家级仲裁"。世界帆联授予符合世界帆联规章所列标准人员"国际仲裁"。

现场裁判、国家级现场裁判和国际现场裁判

现场裁判是经过特别培训的裁判,在水上进行裁决,还可以在对抗赛、队赛或现场裁决的群发赛中实施判罚。在对抗赛和队赛赛事期间,现场裁判也可能被召集起来审理抗议。

B 世界帆联国际仲裁计划

B.1 世界帆联竞赛官员

世界帆联于 1981 年创建了国际仲裁计划,以满足选手的 3 个直观需求:第一,从现有的选手中甄别出知识渊博且经验丰富的个人参与到世锦赛和其他高规格赛事的抗议委员会中的需求;第二,确保这些国际赛事的抗议委员会能够反映出选手的不同国籍和航海文化的需求;第三,在赛事结束时确定成绩的需求。

从那时起,世界帆联已将仲裁培训和认证计划扩展到丈量员、现场裁判、竞赛官、技术代表和分级官。帆船项目的竞赛官员培训和认证以及对帆船竞赛规则的管理被视为世界帆联的核心目的。

世界帆联竞赛官员管理依照世界帆联规章第三部分(规章 31 ~ 34)执行。竞赛官员计划受竞赛官员委员会管理机构的管理。国际仲裁计划受其支委会——国际仲裁支委会的管理,其职责见世界帆联规章 6.10.7.3。最新版本可在以下网址获取:

http://www. sailing. or/documents/regulations/regulations. php

B. 2 任命和续任的申请

世界帆联竞赛官员管理依照世界帆联规章第三部分执行。国际仲裁的任命要求和申请程序在世界帆联规章 31、出版物世界帆联竞赛官员的角色、资质与能力、世界帆联国际竞赛官员申请文件中有所描述。

要成为一名国际仲裁的资源文件可在以下网址获取：

http://www. sailing. or/raceofficials/internationaljudge/becoming _a_judge. php.

申请成为国际仲裁候选人的具体要求在资源文件中有详细描述。一般来说：

- 在过去 4 年中参加过一次世界帆联国际仲裁培训班。

- 在过去 4 年中通过了笔试。

- 作为抗议委员会成员参加了特定数量的主要赛事的群发赛。在这些特定数量的赛事上，该候选人需为国际仲裁委员会的一员，且其中的一场赛事必须是在其所在国家组别或其所属成员国之外的国家举行的（如果是在 I-Q 国家组的话）。

- 持有特定数量的完全好评的 IJSC 推荐表，做出推荐的仲裁主席需为国际仲裁。推荐表可在线获取。

- 按照规章中的截止日期提交申请表。

所有候选人必须保证自己已经详细阅读了有关规章 31 的最新版本，以及世界帆联竞赛官员的角色、资质与能力、世界帆联竞赛官员申请文件，以理解成为一名国际仲裁的全部资质要求。

在备考国际仲裁的过程中，鼓励候选人去复习考试中会使用到的英语单词的列表。

要评估候选人已经服务的赛事是否被视为主要赛事，请参阅描述主要赛事的附录。

首次申请国际仲裁的文件包可在线获取：

http://sailing. org/raceofficials/internationaljudge/becoming_a_judge. php。

世界帆联会在国际仲裁需要更新认证的当年与之联系，将续任申请文件包发送给他们。

B.3 推荐表

首次申请要求遵从规章31。推荐表可在世界帆联网站获取：
http：//www. sailing. or/raceofficials/internationaljudge/
becoming _a_judge. php

推荐表的填写和提交是提交推荐的赛事的仲裁主席的责任。赛前请向仲裁主席说明你正在寻求推荐，提供你的姓名、地址和世界帆联水手 ID。

候选人及仲裁主席指南

赛事总结时，仲裁主席将填写该赛事的表格，且必须与申请者就评估内容进行讨论。表格必须在赛事结束后的 4 周内提交到世界帆联 raceofficials@sailing. org。

仲裁主席应知晓《仲裁主席指南》的所述内容。它描述了不应填写推荐表的情况，且必须事先通知到世界帆联以确定是否可以安排另一场赛事作为推荐来源。只有该赛事的仲裁主席为国际仲裁时所填写的表格方才有效。推荐表不可以回顾的方式来填写，因为这会破坏推荐表流程的教学性质。

你有权获取表格的复印件，你可直接向仲裁主席索要，也可以在世界帆联办公室收到表格后向其索要。

C 国际仲裁资质与技能

C.1 行为准则

世界帆联国际仲裁是该项运动曝光度最高的官员们。因此，仲裁们具有高度能力、行事妥当且正直是至关重要的。仲裁的行为绝不能使这项运动蒙羞。

具体而言，国际仲裁应该：

- 对竞赛规则、案例、程序和世界帆联政策保持高度理解并正确使用。
- 确保每个裁决都是基于规则和公平与客观原则的，是谨慎小心且毫无偏见地做出的。
- 在赛前及赛后对抗议委员会的审议保密。
- 对待同事、选手、赛事官员、赛队官员、教练、后援人员和主办方要礼貌、恭谨，不怀偏见且有耐心。
- 尊重同事、选手、赛事官员、赛队官员、教练、后援人员和主办方之间的文化差异。
- 在接受抗议委员会邀请之前声明所有利益冲突。之后，声明由于情况变化可能出现的所有新的利益冲突（参见世界帆联规章34——利益冲突）。
- 按时报到直至最后一个抗议问题解决完后方可离开。
- 仅产生必要的费用，且当费用报销时，如果没有跟组织机构达成其他安排的协议，仅索要合法的和必要的现金支出费用。
- 守时，且在水上和岸上着装得宜。
- 在抗议委员会办公室内、其他严禁吸烟的建筑物和赛事场馆区域及水上执裁时严禁吸烟。

- 审理前、审理中及在水上时禁止饮酒。即使在审理前用餐也必须避免饮酒。仲裁在赛事期间绝不能醉酒。

没有遵守行为准则的仲裁有可能被终止其任命。

C.2　利益冲突

《帆船竞赛规则》中以定义"利益冲突"陈述了在竞赛官员服务赛事的情况下,可能存在的利益冲突情况。

世界帆联已发布文件供竞赛官员进行参考以判断他们是否在服务的赛事中存在相关利益冲突,包括:

- 帆船竞赛规则,定义"利益冲突";
- 世界帆联规章34——"利益冲突";
- 世界帆联"竞赛官员委员会评估竞赛官员利益冲突指南";
- 组织委员会的相关解释。

这些文件发布在世界帆联网站上。由于规章和咨询文件可能在四年周期内更改,就不在这里赘述了。它们发布在 http://www. sailing. org/race officials/conflict_of_interest. php

C.3　服务的胜任度

国际仲裁应为他们所服务赛事类型提供所需的相应服务。在接受邀请前,仲裁有责任了解赛事的要求和自己履行必要职能的能力。有一系列的活动需要国际仲裁,但并不是在每场赛事都需要。

赛事中的职能	所需技能
抗议审理和规则 69 的审理	• 使用适当的术语,通常为英语听说读写; • 良好的视力和听力,必要时增加辅助措施; • 具有强大的推理能力、对规则分析牢记于心并做出裁决; • 评估并撰写抗议和补偿要求的事实和裁决; • 撰写有关规则 69 审理的指控和裁决。
去水上观察竞赛	• 操控小艇的驾照; • 码头至船、船至船(海上段)之间的转移要足够灵活; • 维持水上平衡的灵活性; • 在无干扰并考虑该级别船只航行特点的情况下定位船只来观察比赛; • 在 VHF(通常需要许可证)和私人无线电频道上使用适当的通信礼仪; • 身体健康,能在任何条件下承受长时间的水上作业。
根据附录 P 进行规则 42 的判罚	• 需要到水上; • 通晓规则 42、级别特定的摇帆动作和附录 P 的程序; • 了解级别规则对规则 42 的特定更改; • 根据摇帆的裁决需求定位船只,同时将对竞赛船只的影响最小化。
根据附件 Q 直接判罚和现场判罚	• 需要到水上; • 彻底理解附件 Q 及其程序; • 现场判罚奖牌轮和直接判罚群发赛的船只定位; • 对违反规则第二章的事件做出快速裁决; • 合适的话,要求根据附录 P 对规则 42 进行判罚。
遥控帆船的现场判罚	• 彻底理解附录 E 及其程序; • 对违反规则第二章的事件做出快速裁决; • 身体健康,能承受竞赛时的长时间站立并在桥道上来回移动; • 能承受长时间的户外作业。

由于一个人的能力可能会随着时间的推移而产生变化,因此其适合去担任仲裁的赛事类型也可能改变。这意味着,你可以担任仲裁的赛事类型可能会在你的职业生涯中发生变化。

所以:

• 如果你有特殊需求,请告知抗议委员会主席或负责官员的组织机构代表。如果你被临时安排在私人住宅中，请告知你是否对宠物或烟草等过敏。

- 如果你有饮食禁忌，请在抵达前告知。
- 如果你有临时性或永久性体力限制，若无法满足抗议委员会职能的需求，请不要接受邀请。
- 如果你需要住宿，请在抵达前告知组织机构和抗议委员会主席。

C.4　涉嫌工作不到位或能力不足

世界帆联规章 35 规定，世界帆联竞赛官员涉嫌工作不到位或能力不足的报告要提交给世界帆联首席执行官。当收到这样一份报告时，世界帆联使用规章 32（竞赛官员的履职）中的程序来审议指控。本条例还规定了必要时的调查程序、适当情况下可能的裁决和处罚，以及适用于竞赛官员的上诉程序。

D 仲裁和青少年选手

D.1 介绍

青少年选手构成我们这项运动参与者的主要部分。本章帮助仲裁了解他们在青少年选手发展中的作用。潜在的基本原则是所有青少年选手能从参与这项运动中获得最大的价值，并鼓励他们能长期坚持帆船运动。本章讨论了青少年赛事中可能出现的问题，范围从当地俱乐部竞赛到带来独特跨文化挑战和机遇的国际青少年赛事。

青少年选手有着不同的需求和兴趣。他们的能力水平、经验和规则掌握程度会有很大差异。

参与赛事的竞赛官员、教练和父母都处于领导和信任的位置，因此其有责任将这项运动以参与、享受、安全和满意度最大化的形式展现给所有选手。教练们有多种角色，不仅是在岸上或水上给予选手们后援，还要做好沟通、竞赛管理、救生和抗议程序等。

当青少年选手受到伤害、受伤、被骚扰、欺凌或遭受类似负面经历时，帆船运动的乐趣会大打折扣，他们极有可能会退出这项运动。青少年选手必须学习如何为自身和他人安全负责。

与青少年选手一起参与赛事的官员应了解体育道德问题。应特别关注兴奋剂、虐待儿童、观众暴力、性骚扰和品行不端、对竞赛官员和其他选手缺乏尊重以及父母给孩子的过度压力等问题。

仲裁应了解某一级别抗议程序的相关政策。

D.2　青少年选手的定义

竞赛规则没有细分选手的年龄。然而某些级别协会根据其级别的传统和政策，规定了竞赛的年龄分组和抗议程序。

就本章而言，青少年选手的年龄通常被认为是从 9 岁到 18 岁，尽管一些级别包括 19 岁的选手。

仲裁需要调整他们的沟通方式，以适应青少年选手的独特行为方式。因为实际年龄可能无法反映其成熟度，因此依赖年龄所采用的方法可能不是很好的实践开展。更合适的方法是根据其准备的完善度来考虑其成熟度。准备完善度假定一些特定的情况和／或经验已经得到积累，以使青少年可以去学习新技巧和获取新信息。孩子或青少年的准备完善度取决于他（她）的：

- 身体准备，例如：掌握基本运动技巧，成长。
- 社交准备，例如：自我意识，来自父母和朋友们的支持和鼓励。
- 动机准备，例如：表达参加和／或学习的愿望。
- 认知准备，例如：理解相关语言的教学、规则或战术的能力。

D.3　青少年赛事中的仲裁角色

仲裁在确保竞赛的公平性和保持选手、教练和后援团队的信心方面发挥着重要作用。

仲裁应该采取适当措施，不仅要执行规则，还要通过解释规则来帮助选手和教练。这种方法有助于参与者享受这项运动。

在设定青少年赛事的行为预期方面要有敏感度。重要的是，所有年龄段的选手都应被作为个体受到尊重，而不是特别照顾。

仲裁的裁决和措施能强化水上和岸上的良好行为,且在故意犯规后要给予处罚。

仲裁也能对选手的未来行为产生重要影响。在任何情况下都不应让选手们认为因为年龄的原因就可以接受他们违反规则的小错误。在选手运动生涯开始时严格、公平的指导可以产生深远的教育影响。

赛事期间,可能有机会举办规则讲习班,也能有机会与教练们澄清规则问题。这样的时间可能是在竞赛推迟或放弃,以及选手上岸的时候。

D.4　显见性

在所有赛事中,仲裁们应专注于让选手和其后援团队看得见且平易近人,在青少年赛事中更是如此。这可能是选手们第一次接触抗议委员会或国际仲裁委员会。如果在技术会上介绍仲裁,以便选手和教练能够在比赛过程中认出他们,这将是很有助益的。

当仲裁在岸上没有公务要求时,他们应多与选手接触。这可能包括结伴去停船区看看,与选手、教练和其父母交流。建议一名以上的仲裁参加与选手的讨论,以避免任何偏见、利益冲突、误解和其他原因。

D.5　与选手和教练的交流

当与选手交谈时,请使用他们的名字,即使是你不得不询问他(她)的名字。当给选手解释规则或说明时,尽可能地使用规则中的词汇。因为选手的年龄,不要更改规则语言。最好在交谈时带上选手的教练或父母,并尽量确保有另一名仲裁与你一起。在国际赛事中,可酌情提供翻译服务。

D.6 抗议

仲裁与青少年选手交流的重要场所是在抗议室。呈现给所有选手,特别青少年选手的应是一致且公平的过程,要使用他们能理解的语言。

抗议审理应是正式的,仲裁对所有审理参与者应是严格的、尊重的和有所帮助的。

青少年选手可能没有以前参加过抗议审理的经验。在开始前询问他们是否是第一次参加审理。如果是的话,主席应在最开始和整个审理过程中,通知各方和教练及其过程目击证人审理的流程。

仲裁应在整个审理期间交流认定的事实,总结和裁决时使用规则用语。这样做可以避免误解。

青少年选手可能无法全面理解术语、规则和程序。例如,较好的做法是使用定义的术语来提问的同时做好解释。提问时,用"你的球帆在另外一条船的舵的前面吗?"可能比"你们相联吗?"更好。

在与没有共同语种的选手进行审理前,做好计划并安排翻译。在可能的情况下,由与选手讲同一种语言的仲裁来做翻译。如若不行,可能会授权教练和其他团队后援人员来做翻译。

D.7 旁听

审理时应鼓励旁听,特别是在青少年赛事中。除了教练和父母,也可能对旁听到过程的其他选手有益,但不包括审理中的证人。主席和组织机构必须安排一个可以容纳特定数量旁听人员的房间。当抗议委员会秘书安排审理时,各方应该被告知是可以旁听的。

本手册 K7 中的旁听通用规则适用。让旁听人员在审理开始前了解这些规则。

D.8　抗议旗的使用

竞赛规则没有要求一些青少年级别的船型使用抗议旗。请注意有关抗议旗的级别规则和可能有特殊程序的级别。

D.9　在终点通知竞赛委员会

一些级别协会要求航行细则包括额外要求,即在船到达终点后立即通知竞赛委员会她有意抗议并识别被抗议的船。记录员能很简单地做好这件事,并且它避开了选手返回岸边后教练或父母提示抗议的风险。

D.10　仲裁调解

一些级别协会在青少年赛事中使用 RRS 附录 T 的仲裁调解。对于简单的船与船之间抗议,仲裁调解提供给各方以简单方式和较少时间来解决抗议的过程。提供作为仲裁调解的裁判的翻译,以确保适当的程序。可能会允许旁听,特别是在跨文化环境中,除非他们会是接下来抗议审理中的证人。

D.11　规则 42 和附录 P

在青少年赛事中,应鼓励仲裁到水上监督规则 42 的遵守情况。这有助于选手理解规则 42 的原理,并激励他们遵守其他规则。

在一些青少年帆船赛上,针对所有附录 P 的判罚使用 2 圈解脱。这有助于选手了解规则 42 所禁止的行为,并使其从错误中吸取教训。尽管附录 P 的判罚可以通过航行细则的更改在比赛中放宽,但是规则 42 的遵守标准不应放宽,应始终高标准判罚。

仲裁必须坚持两圈解脱或退出比赛,如有要求的话,完全遵从规则44执行。当一条船没有完成她的解脱时,仲裁应根据附录P采取适当措施。

竞赛前,仲裁艇应在航线上并可识别。仲裁艇应靠近起航线以使所有选手能够看到仲裁在水上并识别仲裁艇,如果他们想与仲裁交流的话。

仲裁应平易近人,以便选手可以与之讨论导致判罚的行为。在多轮次的竞赛日,仲裁应在可行的情况下将他们的船定位在终点线附近,以便选手能够找到他们。在只有一轮的竞赛日或当天最后一轮竞赛之后,仲裁可以靠岸。仲裁应能解释选手的动作以及判罚原因。仲裁应指出违反的规则,并指出选手应参照的相关世界帆联规则42的解释(如果有的话)。当讨论在岸上进行时,如果可行的话,最佳做法是两个仲裁与选手和他(她)的教练或父母一同讨论该判罚。其中至少一名仲裁应是给予该判罚的那组的成员。世界帆联政策是一名仲裁解释判罚,同时另一名仲裁监督对话。特别是与青少年选手在一起时,很重要的一点是要避免两名仲裁针对一名选手的讨论。

D.12 技术会

在技术会上,仲裁应考虑适用于该赛事的下列事项:

- 介绍和认识仲裁;
- 声明抗议委员会是来服务选手的,其主要作用是确保比赛公平;
- 表明抗议委员会在水上的目的是监督规则42的遵守情况,并告知选手可与仲裁或抗议委员会交流的时间和方式；

- 提醒选手官方公告栏和抗议审理室的位置；
- 在规则允许的范围内,邀请旁听人员来参加抗议审理；
- 告知选手禁止粗鲁或辱骂性言辞；
- 提醒后援人员应受规则3.1（b）的约束；
- 告知选手他们可在水上或岸上随时接近抗议委员会成员,但竞赛时除外；
- 提醒选手帆船是一项自律运动,并提醒他们在"体育精神和规则"下的义务；
- 提醒青少年选手他们对竞赛规则及与其他选手的相处关系中所期望的行为标准；
- 若采用仲裁调解,简要地解释一下程序。

出于实际操作方面的因素(例如空间有限、语种的数量和级别传统),大型青少年赛事的技术会可能只在教练或领队范围内召开。向教练清楚地解释细则能促进其选手良好的行为和规则的遵守。仲裁主席应与PRO一起参加例行的教练简会,并对规则遵守和事件做出评论、回答问题并促进交流。

D.13 父母、教练和俱乐部支持

父母、教练和俱乐部支持是青少年赛事和青少年帆船运动发展的重要部分。他们与选手的参与应在公平的范围内得到认可和支持。

青少年选手想与仲裁交流时应邀请一名教练或代表来加入对话,以获取协助。

D.14 辅助船

选手后援团队的辅助船是赛事安全例行程序的重要部

分。如果没有这些支持,青少年航海运动就不会像现在这样强大。辅助船的移动和定位需受到限制,但是可以允许其在航行细则和／或教练艇规定(或以上两者)的范围内在航线周围绕行。在重大赛事中,建议要求辅助船至少携带两名不同的选手或团队的代表。

抗议委员会可以考虑根据规则 60.3（d）召集后援人员参与审理,理由是其没有遵守规则和比赛规定。

不是所有青少年选手都有在水上的后援人员。仲裁应该确保他们没有对任何特定船只偏爱或偏见。即使是没有风,仲裁艇在赛前不应拖船到竞赛区域。但是赛后拖船回岸是可以接受的,只要仲裁对他们给予帮助的船没有偏见或偏爱,且前提是拖船回岸是应竞赛委员会的要求。

D.15　儿童保护和规则 69 品行不端

《世界帆联品行不端指南》的附录 H 提供了关于儿童保护问题和对未成年子女使用规则 69 的指导原则。强烈建议仲裁在开始任何可能涉及虐待儿童、儿童保护或欺凌的调查前研究并遵循这些程序。当地的儿童保护法会有特定要求,这些必须认真遵循。如果出现此类事件,主席应寻求当地机构的指导。最糟糕的情况是,即使是心怀善意、行事真诚的竞赛官也有可能因为以不正确的方式面谈儿童或调查严重投诉而干预司法程序。

D.16　航行细则

青少年赛事的航行细则应尽可能地在赛事中一以贯之,即使是那些赛事中非特定的事务。帆船赛特定条款包括起航时间、标志描述、竞赛区域、公告栏和岸上信号的位置。细则应至少在赛前一周公布在网站上。

开赛前不久收到一个多页文件不符合选手的利益。在准备竞赛时,不应指望青少年选手注意到航行细则里的细微变化。

D.17 航行细则的更改（RRS L3）

对于青少年赛事,适合包括下列特定航行细则条款:

当竞赛计划有变化时,建议在计划更改生效日前一天的抗议时限结束前公布更改内容,以便青少年选手能够在合理时间内离开场地。

起航

包括要求还未起航的船避让正在起航的船的条款（RRS L11.3）。

惩罚方法（RRS L14）

合适的做法可能是对缺乏经验的选手船群不执行某些规则。

P2.2 和 P2.3 仅对每次违反规则 42 的行为要求一圈或两圈解脱。

抗议和补偿要求（RRS L16）

若级别协会或组委会要求,要求所有船无论长度是多少,都要在抗议时展示抗议旗。如果级别协会或组委会有政策要求,想要抗议的船除了按照规则 61.1（a）的要求外,需在到达终点后立刻通知终点线上的竞委会船她要抗议并识别她要抗议的船。竞赛委员会应在成绩记录表上标注此类报告。

辅助船（RRS L23）

一些赛事会给出一系列有关辅助船和后援人员的规定。

另外，除参与救援外，领队、教练、父母和其他后援人员应从第一组准备信号开始直到所有船到达终点或退出比赛，或竞赛委员会发出推迟或放弃所有船群的信号为止，不得进入竞赛区域。船的竞赛区域可以定义为航线内的区域，并且在竞赛委员会以任何标志、方位线、起航线、终点线或任何正在竞赛、正在航行或可能航行的船来界定的距离内。

E 抗议委员会

E.1 介绍

组委会提供给选手的仲裁服务范围和水平取决于赛事类型。服务范围从当地帆船俱乐部的抗议委员会(由当地竞赛委员会或俱乐部任命知识渊博的俱乐部会员组成的抗议委员会)到由世界帆联在高规格赛事中任命或批准的不得上诉的国际仲裁委员会。在大多数情况下,最有经验的那位仲裁,通常为国家级仲裁或国际仲裁,会被请来担任抗议委员会主席并承担起确保规则和程序执行的责任。

E.2 利益冲突

规则 63.4 为仲裁确定自己是否与某一抗议或补偿要求有相关的利益冲突提供了指导,并且要在意识到有利益冲突后立即声明。

规则禁止有利益冲突的抗议委员会成员参加抗议审理,以下三种情况除外:

a)审理的各方都被充分告知所存在的冲突并同意时;

b)抗议委员会裁定利益冲突不显著时;

c)抗议委员会成员间的冲突平衡时(规则 M2.3)。

该规则为抗议委员会考虑决定冲突是否显著提供了指导。

这些选项的原因是在所有赛事中,尤其是俱乐部赛事中,排除有利益冲突的所有仲裁是不切实际的。需要灵活一点以适应不同的赛事。规则 63.4(d)不允许有利益冲突的人在世界帆联重大赛事中担任抗议委员会成员。

世界帆联关于利益冲突的指南在以下网址可查阅:

http://www.sailing.org/raceofficials/conflict-of-interest. php.

有利益冲突的仲裁应拒绝国际仲裁委员会的邀请。如果该仲裁不确定自己是否存在利益冲突,建议与世界帆联办公室联系查询:raceofficials@sailing.org.

若在赛事期间发生了利益冲突,如果由国际仲裁委员会组成的抗议委员会包含了至少3名成员且其中至少2名是国际仲裁,那么它仍然是合理建制的。

E.3 构成

在大多数情况下,由组织机构任命抗议委员会的成员。在世锦赛这类赛事中,往往由组织机构和级别协会一同做出这个决定。唯一可能有例外的是由世界帆联负责任命抗议委员会的奥运会和其他世锦赛等特定赛事(参见世界帆联规章23.3和25.8)。

当组建抗议委员会时,要考虑船型和竞赛类型。至少有一名抗议委员会成员应是完全熟悉参赛船型以及级别规则和传统的。与统一级别的世锦赛或离岸赛相比,帆板赛事的抗议委员会将面对与之不同的问题。

如有可能,包括一名熟悉当地情况的成员会很有助益。

若附录P被用于规则42推进的水上判罚,那么抗议委员会成员应具备这样的能力,且大多数成员应有参与这种特殊类型判罚的经验。

最后,考虑包括一名或两名有经验的国家级仲裁,他们会以此获得经验,并协助他们获取申请成为国际仲裁的必要条件。

在有其他俱乐部选手参加的公开赛中,组织机构最好任命一个独立于竞赛委员会的、通常由 3 名成员组成的抗议委员会。为了避免出现偏袒倾向、偏见或利益冲突,该抗议委员会的成员要来自不同的俱乐部。为了确保仲裁队伍的更高水平的经验和技能,许多国家管理机构都有国家级仲裁计划,并会认证个人为国家级仲裁。一些国家管理机构要求在国家级赛事中,抗议委员会成员的大多数是国家级仲裁。

E.4 不得上诉的仲裁委员会和国际仲裁委员会

如果竞赛通知和航行细则这样规定,若以下三个条件当中的任何一条适用,上诉权可能被驳回(规则 70.5):

a)*必须立刻确定的某轮竞赛的成绩,该成绩将确定某船是否有资格参加下一阶段的赛事或接续赛事(国家管理机构可规定这样的程序需经其批准);*

b)*国家管理机构批准某一特定赛事仅针对其管辖范围内的参赛者开放报名;或*

c)*国家管理机构在与世界帆联协商后批准的某一特定赛事,前提是抗议委员会是按照附录 N 的要求组成的,唯有一个例外,就是只有 2 名抗议委员会成员需要是国际仲裁。*

国际仲裁委员会是否称职的两个关键人物是主席和副主席。为了使抗议委员会看起来是独立的,主席最好是众所周知的并受到选手的尊重,且其国籍最好不同于赛事所在国家。在这种情况下,"当地"副主席有责任和权利进行赛前管理和组织。

由于赛事组织者通常对"当地"仲裁比较了解,因此他经常是第一个被邀请来帮助组织抗议委员会的。在这点上,"当地"仲裁应解释如果由非本国的仲裁担任主席而自己来担任副主席,会使抗议委员会更容易地被视为独立的。他也应帮忙从别的国家管理机构邀请一位有资质的仲裁来担任主席,并与主席一起邀请抗议委员会的其他成员。

附录 N 规定了国际仲裁委员会合理建制的要求。世界帆联章程的附表 A(第 40 条)中列出了国家管理机构分组。抗议委员会成员的国籍不会造成利益冲突。

由于按国际仲裁委员会建制的抗议委员会是独立于竞赛委员会的,因此该抗议委员会成员不可以再担任竞赛委员会成员。

当一个完整的国际仲裁委员会或小组由于疾病或紧急情况减少到 3 名或 4 名成员时,组织机构应设法寻找一名有资质的替代者。

E.5 由国家管理机构批准组成的国际仲裁委员会

一些国家管理机构根据其规定要求国际仲裁委员会的任命需经其批准。当需要批准时,组织机构通常需要提交赛事的详细信息,并附上推荐的主席和仲裁委员会成员的姓名。RRS N1.8 要求当国家管理机构规定任命国际仲裁委员会需经其批准时[见规则 91(b)],批复通知需包含在航行细则中或张贴在官方公告栏上。

E.6 由世界帆联批准的 3 人国际仲裁委员会

在规则 N1.7 的有限范围内,世界帆联可以批准一个只有 3 人组成的国际仲裁委员会,所有成员必须都是国际仲裁,且来自 3 个不同的国家管理机构(若是在 M、N 和 Q 组,可以是 2 个不同的国家)。根据规章 25.8.13 向世界帆联提出申请。

E.7 职责

被任命的抗议委员会或国际仲裁委员会的主要职责是举行抗议和补偿要求的审理,根据规则 69 提出书面控告并根据规则 69 进行审理。有时,其职责范围会扩大到包括在水上进行规则 42(推进)的判罚和监督规则的遵守情况。抗议委员会通常会在有相关要求时向竞赛委员会或组织机构提供建议,并帮助解决赛事期间发生的问题。

E.7.1 国际仲裁委员会的额外职责

尽管从技术上说,当地抗议委员会和由国际仲裁委员会成员组成的抗议委员会之间的职责没有区别,但实际上,赛事级别越高,仲裁、组织者和选手的压力就越大。由于不能从国际仲裁委员会组成的抗议委员会处获得上诉权,因此帆船运动的声誉就取决于赛事的国际仲裁委员会能否做出正确且公平的裁决。

当组织机构或竞赛委员会要求时,国际仲裁委员会有责任在任何直接影响竞赛公平性的事件中给予建议与帮助。在这些赛事中,国际仲裁委员会经常被要求裁定资格、丈量、船只证书的问题,及批准选手、船、帆和器材的替换(参见规则 N2)。

E.8 程序

抗议委员会的裁决以多数票通过。若没有多数票,审理的主席可以多投一票。

E.9 国际仲裁委员会小组

小组审理的要求见附录 N1.4(b)。大多数情况下,小组需要来自 3 个不同成员国的仲裁,其中的 2 名必须是国际仲裁。审理中唯一的不同是你要告知审理各方你们是国际仲裁委员会的一个小组,如果他们对裁定不满,有权要求由完整的国际仲裁委员会来进行审理,但认定的有关事实不在此审理范围内。

实践中,这意味着国际仲裁委员会将复审原始审理中的流程。然后,他们会关注结论和裁决是否与事实相符。根据规则 66,这次新的审理不是重新审理;但是国际仲裁委员会可能会裁定该小组判错,之后决定重新审理。

E.10　非现场的抗议委员会成员

附录 N 列出了国际仲裁委员会的要求,附录 M 给出了如何进行审理的建议。尽管没有要求抗议委员会所有成员都要亲自出席审理现场,但这应是一种常态。然而在一些特殊情况下,即使不是所有成员都亲临现场,抗议委员会仍能采用远程审理的方式(见下文)。

例如,下述情况中,有一名或所有成员没有亲临现场时,审理仍可继续有效进行:

- 赛前必须决定的事项,例如选手的资格或分级;
- 赛后必须决定的事项,例如需要技术委员会历时数天的复杂的丈量抗议;
- 远洋竞赛中;
- 由于疾病或紧急情况,整个仲裁委员会或小组成员少于5 人时,尽管设法尝试了,仍无法合理地找到有资质的替代者(参见 RRS N1.5)。

E.11　非现场的各方和证人

规则 63.3 授予一方出席整个审理过程的权利,并规定若一方未到,抗议委员会仍可在一方缺席的情况下继续审理。

尽管最佳做法是让各方和证人都亲临审理现场,但在某些特殊情况下,抗议委员会可以让他们通过远程审理的方式来参与审理,例如:

- 赛前必须决定的事项,例如选手的资格和分级;
- 赛后必须决定的事项,例如需要技术委员会历时数天的复杂的丈量抗议;
- 远洋竞赛和离岸赛中;

总而言之,若抗议委员会决定其成员可以通过远程系统出席审理,那么也可以允许各方及证人以同样方式进行。

E.12 远程审理的建议

远程审理应通过视频会议系统来进行,并同时传输到涉及审理的所有人员。

视频会议系统是使用互联网来传输多媒体流的程序、协议或设备,其传输的多媒体流至少包括所涉及人员的语音和视频。最后,可以包括其他媒体流,如抗议室桌面的视频反馈或虚拟白板。

必须拥有强大的宽带连接才能使视频会议审理有效进行。各方及证人有责任确保适当的连接。

若出席,在现场的抗议委员会成员要在设置宽带连接方面发挥主要作用。以下是其附加职责的非详尽清单:

- 对于在赛事期间进行的审理,在赛前预设一个所有非现场人员皆可的时间点。要考虑到所有相关人员的时区。
- 将抗议和其他文件的复印件发送给非现场的抗议委员会成员和各方。
- 若各方使用视频证据,请提前争取拿到备份文件以转发给非现场的抗议委员会成员和各方。

- 使用投屏,以便各方能看到并且听取非现场抗议委员会成员的意见。
- 确保各方和证人都是独自在房间内的,不与他人沟通。
- 确保在审理现场和非现场的每个人都对此程序感到满意。

在一些偏远地区(例如远洋竞赛期间),视频会议远程审理可能无法实现。只有在这种情况下,远程审理才可以通过邮件的形式进行。这种情况应在竞赛通知 / 航行细则中有所描述,详见 O 章。

F 替代的水上现场判罚方法

F.1 水上判罚的介绍

水上判罚或群发赛的直接判罚越来越受到级别协会和组织机构的欢迎。它对违反第二章的规则,通常还有规则 31 的行为做出了即刻和最终裁决。对违反规则 42 的判罚可见附录 P,仲裁在水上即刻给予判罚。某些级别还包含了限制船员位置的级别规则。

当抗议和违反规则的行为在水上得到解决,并即刻受到判罚或没有判罚时,船了解到了自己的相对位置,并且可以继续其竞赛战略而无需等待抗议审理的结果。

水上判罚使仲裁和选手都处于竞赛航线上。仲裁两人一组来监督竞赛并根据赛事航行细则中规定的不同方法对违规行为出示信号,具体如下所述。

这些操作惯例是为群发赛而开发的,并随着每个方法在经验中的完善而不断发展。通常情况下,级别协会选择现场判罚作为其赛事的一部分,并要求仲裁按照该级别提出的方法实行。

实行某一方法的要素包括:竞赛通知中的规定、航行细则的更改、可用的仲裁数量、适合可用的仲裁艇的数量,以及包括哨子和旗在内的器材。

在赛前向选手简要说明如何进行判罚,如航行细则和赛事执行的其他规则中所述。

在竞赛之后或第二天早晨举行的总结会对大船群的选手很有助益,仲裁会解释判例,所有选手可以从每个判例中吸取教训。

F.2 基本规则的违反

F.2.1 介绍

基本规则的违反是最简单的水上判罚形式,其不同于将在之后章节中讨论的附录 Q 和附件 Q。目前的判罚中会使用不同的方法。

当仲裁观察到违反第二章的规则或规则 31 的行为时,他们会立刻通知该船。向该船出示的信号包括一声音响(通常为一声哨音),呼喊其帆号,以及一个视觉信号(通常为指向犯规的那条船或那些船的一面红旗)。这些信号表明一条或多条船已违反某条规则,其应根据规则 44 进行解脱。若没有船做解脱,仲裁可就其目睹的事件提出抗议,或者若有船提抗议时,他们可作为证人。

另一种方法,仲裁只是发出信号示意他们看到了犯规,表明他们期望某船或某些船进行解脱。通常,该方法会吹哨,但不识别船只。然而,也有一种方法,仲裁有权对他们认为违反规则的船进行判罚。未解脱的船将被记为 DSQ 而无需审理。仔细研究每个赛事的航行细则会让仲裁知晓他们将要使用的方法。

F.2.2 竞赛通知和航行细则中的附加内容

F.2.2.1 竞赛通知

竞赛通知必须说明该赛事可能或将使用水上判罚。

竞赛通知 示例 1

"可能根据航行细则 X.X 使用水上判罚。程序和判罚将在航行细则中详细说明。"

一些组织机构可能会想在竞赛通知和航行细则中使用完全相同的语言进行描述。

F.2.2.2 航行细则

必须在航行细则中添加特定部分来通知选手将使用水上判罚。该程序必须是在独立编号的段落中,明确说明如何通知选手其违反了规则,以及选手应采取的措施。以下是在不同赛事中插入到航行细则中的一些示例。

示例 A

细则 XX.1　水上判罚将适用于第二章的规则和规则 31。作为抗议委员会成员的仲裁会在观察到违反规则的行为时吹哨,他们希望一条船或更多的船去做解脱。仲裁必须确保他们在发出判罚信号时是靠近犯规船的。若该事件导致了抗议审理,仲裁可作为证人提供证据。

示例 B

细则 XX.1　除了执行规则 42 外,抗议委员会成员将在水上监督比赛。为表明仲裁已看到有违反第二章的规则或规则 31 的行为,仲裁将发出一声音响信号,但不会呼喊其帆号。这意味着仲裁已经看到可能被抗议的情况,一名或多名选手应做解脱或退出比赛。如果没有船根据规则 44.1 做解脱,仲裁会抗议一条或多条船。

细则 XX.2　仲裁根据本细则采取或不采取行动不得作为要求补偿的依据。此条更改规则 62.1(a)。

示例 C

细则 XX.1　水上判罚的仲裁艇将展示"J"旗。

细则 XX.2　除了执行规则 42 外,仲裁将观察参赛船违反第二章规则或规则 31 的情况。当仲裁观察到某船违反了其中一条规则时,他们将发出一声音响信号。若没有船根据规则 44.1 做解脱，仲裁可能以此事件抗议一条或多条船。

> 注：细则必须明确违反规则被判罚时选手应做解脱的圈数。

细则 XX.3　仲裁根据本细则采取或不采取行动不得作为要求补偿的依据。此条更改规则 62.1（a）。

F.2.3　第一次技术会

水上判罚程序应由抗议委员会代表在第一次技术会上与选手和教练进行讨论。

应注意：

- 具体指明水上判罚将使用的方法和其如何适用；
- 简要描述音响信号及其含义；
- 介绍仲裁；
- 对仲裁艇进行描述并说明数量，以及如何识别；
- 告知选手仲裁艇会在竞赛时非常靠近参赛船；
- 提醒选手被判罚时所要做解脱的圈数。

F.2.4　竞赛的最佳操作惯例

仲裁艇应是硬底橡皮艇或类似的动力艇，动力充足，在极度靠近竞赛船行驶时不会制造过多的尾浪。仲裁艇应适航于当地海况并与执裁船群的类型和尺寸相匹配。

每条仲裁艇上应有 2 名仲裁（在等级较高的赛事中，这个要求是必须的）。尽管有些情况下仅有一名仲裁观察到了某事件，但仲裁应尽量两两一组对事件达成一致意见。仲裁应预见潜在事件及其涉及的规则，以便在事件确实发生时快速做出裁决。通常情况下，在船与船之间的事件发生时，每个仲裁将关注一条船。在发出判罚信号之前，仲裁必须确定其违反了某条规则。若仲裁不能达成一致或他们不确定该船是否已违反规则，那么展示绿白旗来表明没有判罚。仲裁必须具有驾驶小型动力艇的经验，在整个竞赛过程中，选取最佳定位来观察选手间潜在的竞争区域。他们必须在不干扰正在竞赛的所有船只和不造成过度船只尾浪的情况下尽可能地靠近选手。他们必须就位于能看到犯规情况的位置，以裁决抗议，并使其发出的音响信号清晰可闻。

F.2.5 判罚记录

每个仲裁都应对他们在水上时出示的每个犯规事件的信号的情况做好记录。做好出示绿旗信号的记录也很有助益。记录好轮次、日期、时间、航段、涉及事件的船、事件发生的原因、犯规的船，以及所有做了解脱的船。可能的话，画个图，尽可能地来展示事件发生时的船只位置。记录有助于在汇报时完整描述事件。

F.2.6 简报会

仲裁应与选手就在水上已经做出的判例进行讨论。每天举行简报会对所有选手都会有所帮助。讨论应由做出判罚或不判罚判例的那对仲裁主持。通过仲裁的解释，选手将获得对竞赛规则的深入了解。

F.2.7 总结

必须在航行细则中写明所要使用的水上判罚方法，并向选手清楚地解释，以使他们理解音响和旗帜信号的含义。在仅发出一声音响信号的方法中，当只有一条船犯规时可能会有一条以上的船做解脱。即使一条船没有犯规，但在其不确定自己是否违反了规则的情况下，她有可能会做解脱。靠近犯规的船或使用通过呼喊帆号来指明犯规的船的方法将有助于消除大部分歧义。

此方法有几个优点。犯规了的船可以选择做解脱,此惩罚轻于抗议审理的取消资格。选手也能够在到岸时了解到自己在那轮竞赛中到达终点的名次,该名次改变的可能性很小。其他违反第二章规则和规则 31 以外规则的抗议仍由抗议委员会通过审理来裁定。

总而言之,该方法为整个抗议方法提供了一个可选项,从而减少了在抗议室中的时间,参加赛事社交活动方面的机会就会增多。

F.3　附录 Q 和附件 Q——群发赛的水上判罚

F. 3. 1　介绍

附件 Q 可从世界帆联网站 http://www.sailing.org 下载。世界帆联已批准将其作为世锦赛、世界杯、一级或 C1 级赛事的航行细则附件,用于奥运级别的每个系列赛的最后一轮群发赛的现场判罚。附件的任何更改需经世界帆联的书面批准。

附录 Q 可从世界帆联网站 http://www.sailing.org 下载。与附件 Q 不同,它是为所有等级的群发赛制定的。若国家管理机构规定和 / 或允许,本附录可根据规则 86.3 来使用,以更改或测试被提议的规则。想要使用这种新方法来执行水上规则的人可能需要在使用前寻求其所在成员国的批准。

对于有 20 ～ 30 条船的群发赛,建议使用附录 Q 或附件 Q 进行现场判罚。船群中每 4 ～ 6 条船应有一条现场裁判艇。可用裁判艇的数量越少,覆盖面就会越困难。

务必提醒选手注意附件更改了到达终点的定义和其他几条规则。请注意,附件 Q 是为世界杯和奥运会奖牌轮特别设计的。查阅世界帆联网站获取可能的新模板。

另请注意,附件包含了对选手的建议以及对仲裁／现场裁判的建议。此建议也适用于附录 Q。组织机构可以分别使用该文件的建议部分,或者整个附件或附录,以便所涉及的所有人员都能理解此方法。

F.3.2 竞赛通知和航行细则中的附加内容

F.3.2.1 竞赛通知

竞赛通知必须具体说明该赛事将使用附件 Q 或附录 Q。

F.3.2.2 航行细则

除了竞赛通知中的说明之外,整个附件 Q 或附录 Q 必须作为附件内容增加到航行细则中。

F.3.3 第一次技术会

附件 Q 或附录 Q 中的有关规则的明显更改应在第一次技术会上进行讨论。告知选手他们应复习并完全理解附件中的选手建议部分,并回答选手的相关问题。

附件 Q 和附录 Q 减少了一条船抗议和要求补偿的权利,并改变了抗议时要使用的程序。指明这一点并建议选手,如果他们使用了不正确的抗议信号,即使可能存在犯规情况,该事件也可能会变成一个无效抗议,仲裁并不会做出判罚。

F.3.4 在水上

定位是正确观察每个事件的关键。在大多数情况下,为了正确理解权利船和避让船的动作并确定违反的某条规则,仲裁应该距离该事件现场几倍船长。如果他们没有就位来看清楚该事件,他们必须出示没有判罚的信号。根据该附录,仲裁们既要回应选手裁决的请求,也要做出初始判罚的判断。

每名仲裁都应了解出示判罚信号的程序。整个仲裁团队在判罚时必须使用相同的程序。

每个仲裁团队应制定一套办法,来识别船相互靠近并容易发生事件的位置,这些位置被称为"压力点"。彼此交流这些位置来确保良好的船只定位。这些点通常是在起航线周围、航线上的标志旁和终点线附近。

当覆盖了这些压力点时,一个区域可能有一条以上仲裁艇,每条仲裁艇上的仲裁都可能会看到该事件。每条仲裁艇可能会对该事件有不同的看法,因此每个仲裁团队会做出不同的裁定。当一名仲裁看到了事件且其他仲裁也在该区域时,他们应举手示意他们已经看到了该事件并准备做出裁决。若无其他仲裁举手,该仲裁应做出裁决。若两条艇上的仲裁都举手了,一名指向另一名仲裁去做出裁决。

附件 Q 提供了有关定位、仲裁间沟通、观察事件和出示判罚信号的诸多细节。此建议同样适用于附录 Q。

由于仲裁必须就位去观察事件,他们需要了解仲裁挺尾浪及其对选手造成的影响,特别是在小风天的情况下。预测压力点可能出现的位置会帮助仲裁准确就位仲裁艇,同时将其尾浪的不良影响最小化。

F.3.5 器材

仲裁艇必须大小合适,以便在紧张的情况下靠近选手,并适航于当地条件。在许多情况下,其行动范围应是在几倍船长之内,且比规则 42 的执裁距离还要近。

仲裁需要哨子来示意他们的措施,需要甚高频对讲机来进行仲裁团队内部沟通,还需要录音装置或笔记本来详细记录所有判例、判罚以及没有判罚的事件。

每条仲裁艇都需要航行细则和任何附件或级别规则中规定的旗子。这些包括表明没有判罚的绿白旗、表明判罚一条或多条船的红旗和表明取消一条船资格的黑旗。尽管附件 Q 对所有的犯规都使用红旗,但根据附录 P,对于违反规则 42 的可能要求使用黄旗。

F. 3. 6　简报会

与选手进行讨论的简报会应由每条艇上的那两名仲裁来主持,要考虑到情绪问题并留有足够的讨论时间。简报可以在水上做,或是在当天比赛结束后,作为一个单独的环节面向所有选手。

要解释仲裁看到的情况以及适用于仲裁裁决的规则。它不应变成一场激烈的辩论,或一方设法说服另一方自己是正确的。如果对话沿着这个方向发展,最好中止讨论并进行下一个事件。

同样重要的是,当仲裁团队犯错时,他们愿意告诉选手,无论是在简报会上还是在与当事选手交流时。裁决无法改变,但是所有人要意识到,大家共同的目标是服务好该项运动并使其发展得更好。

F. 3. 7　总结

当涉及小船群时,水上判罚方法对选手很有益。大多数违反第二章规则的情况会被识别,因此船可以做解脱。当违反其他规则和要求补偿时,仍将进行审理,选手能够在完成一轮竞赛时,知道其结果是与水上发生的事情一致的。

水上判罚确实需要更多的动力艇和器材资源、更多的裁判并增加燃油成本。

对事件的讨论将为更深入地理解规则提供新的机会,并提高选手利用规则来使竞赛成绩获益的意识。

F.4 无线电帆船

F.4.1 缩写

IRSA 国际无线电帆船协会

SYRPH 减少抗议审理数量的方法

F.4.2 介绍

无线电帆船不同于所有其他形式的帆船,因为操船的船员不在船上。选手和竞赛官肩并肩站在岸边。因此,无线电帆船已经制定了竞赛规则附录 E 中列出的具体规则,以及竞赛仲裁和现场裁判的操作惯例。

大多数竞赛都没有现场裁判。然而,无线电帆船已经制定了使用观察员的做法,观察员可能是不参与那组竞赛的选手,他们呼喊并记录船之间、船与标志之间的接触。参加审理的各方在审理开始前就可以拿到这些报告。审理的一方可能就此选择退出比赛。IRSA 系统列出了这个程序,以减少抗议审理的数量(SYRPH)。

同一时间在水上竞赛的船不能超过 24 条。使用分组竞赛的方法可以让最多 84 名选手参与竞赛。在许多情况下,抗议委员会必须在下一组竞赛起航前解决这一组的事件,因为一名或多名选手可能会被安排在下一组竞赛。在其他因素中,这些分组方法修改了 RRS 附录 A,计分。特别是这些更改会使退出比赛与被取消资格产生明显差异。

任命国际仲裁委员会的重大赛事,诸如世界锦标赛或洲际锦标赛,都是现场判罚的。无线电帆船现场判罚的发展期已超过了 15 年。如今,基本原则已明确确立,但仍在继续发展中。

现场判罚程序在国际无线电帆船协会(IRSA)附件 Q 里有规定。该附件承认现场裁判无法解决所有的事件。如果现场裁判没有裁定,那么选手仍有权提出审理。

现场判罚应尽可能少地修改正常程序。用这种方法,IRSA附件 Q 保留了选手观察员的使用,他们与现场裁判密切合作。这种方法提供了审前程序,各方在审理开始前可从现场裁判或观察员那里拿到报告。

其他最近的发展包括加速抗议程序,其结合了 SYRPH 和 IRSA 案例书,为无线电帆船的特定规则和情况提供了指导。

F.4.3.1 竞赛通知的附加内容

无线电帆船是根据竞赛规则附录 E 来开展运动的。此事项应在竞赛通知中说明,因为这类竞赛有许多规则的更改。也应提及赛事可能执行的其他文件,包括竞赛使用现场判罚时的 IRSA 附件 Q、SYRPH 和加速抗议程序。

IRSA 发布了竞赛通知指南。

F.4.3.2 航行细则的附加内容

附录 E 要求在航行细则中明确某些细节,例如,是否存在定义的控制区域、定义的下水区域以及如何使用。

此外,航行细则应规定如何任命每组竞赛的观察员,以及不履行观察员职责的任何处罚。

IRSA 发布了航行细则指南。

F.4.4 现场判罚

重大赛事中,应任命 7 名仲裁。4 名仲裁现场判罚每组竞赛。另外 3 名仲裁根据附录 N1.4(b)作为一个小组来审理抗议。较少的现场裁判判罚一轮竞赛也是可以的。然而,一名现场裁判需要观察的船越多,那么没有观察到的事件就越多。当每名现场裁判应对 6 条船时,现场裁判团队会运作良好。

每名现场裁判都与选手观察员密切合作。即使现场裁判自己没有看到事件的部分或全部,他们也可以基于观察员提供的信息做出裁决。

F.4.5 器材

需要的器材很少。舒适的步行鞋是必不可少的,因为现场裁判可能每天要走15千米。向观察员提供纸和夹子来记录事件。仲裁也应有记录事件的方法。

由于仲裁非常靠近控船的选手,因此信号是口头发出的。发出的声音必须足够大且清晰,以确保所有选手都能听得到那时的呼喊。在一些赛事中,会给现场裁判配麦克风,并通过公共广播系统广播。在国际赛事中,现场裁判应考虑到许多选手的主要语言可能不是英语。仲裁应使用最少数量的标准呼喊。特别是必须呼喊帆号时,根据规则E2.1(b)使用单个数字(例如,15是一五,而不是十五)。

F.4.6 无线电帆船现场判罚的基本原则

现场裁判作为一个团队来覆盖整个船群,从预告信号开始直到最后一条船到达终点。现场裁判与观察员合作,每名现场裁判都配有一名观察员。现场裁判可依据观察员提供的信息做出裁决。

做出裁决时,现场裁判必须在事件发生前、发生中和发生后一直观察这些船。为了做到这一点,每名现场裁判会观察一小部分、可控数量的船。每名现场裁判跟随的船群之间通常会有重叠。每名现场裁判可以跟着他自己的那些船,因为其他现场裁判会跟着分配给他们的那些船。

现场裁判根据预定计划工作以保证其集中精力在航线的关键点上。例如,4名现场裁判和其观察员跟着船一起进入并绕过第一个迎风标。

当观察员呼喊不在其搭档的现场裁判所观察的那组船之间发生"接触"时，他必须假设该现场裁判没有看到那个事件。该现场裁判可以要求观察员向相关现场裁判报告。搭档的现场裁判只有在其观察员提供了一条船确实违反了某条规则的有力证据时才会进行判罚。

现场裁判可能没有足够信息依据来做出裁决。在这种情况下，他要么保持沉默，要么呼喊"没有裁决"来通知选手。观察员或现场裁判呼喊"接触"的事件之后将作为未解决的事件报告给竞赛委员会。当有效呼喊"抗议"后而无裁决时，抗议者可以在该组竞赛后继续提交抗议。

现场裁判使用确定性的最后一点的基本原则：现场裁判会假设某条船的状态或者她与另一条船之间的关系没有发生改变，直到他们能确定这两条船的关系发生了改变。

为了找到观察船只的最佳视角，现场裁判在控制区域内来回移动。这些观察点可能不是一些选手选择站定控船的位置。在大多数情况下，通过与领先的船保持平行，然后向后看，可以获得一组船的最佳视角。

现场判罚使得因抗议损失的时间最小化，并且现场判罚程序的设计降低了出错的概率。现场裁判偶尔也会犯错，他们应立即道歉。当发生接触但没有船解脱时，现场裁判将裁定谁是过错方；很可能双方选手都不会同意该裁定。

当做出裁定时，现场裁判可能会多做几句解释。被要求时，现场裁判会在该组竞赛后给出更加具体的回应。

选手在有抗议时应根据以下内容协助现场裁判：

• 指明事件发生的地点；

• 说明抗议的原因；

• 如果他们打算解脱，快速回应；

- 立刻解脱；

- 如果他们认为犯规的船在解脱后仍获益,应表明态度。

F.4.7 现场裁判的定位

现场裁判与其观察员一道,遵循预定计划,跟沿着航线观察船只。现场裁判必须留在控制区域内,这个区域限制了选手的移动。这样做确保了现场裁判做出裁定的视角是与控船选手相同的。

现场裁判已经制定了一套现场判罚定位的框架,且其还在不断发展中,具体如下：

- 每名现场裁判观察一组可控范围内的船；

- 把握好竞赛中的关键时刻；

- 减少现场裁判的移动(当遥控区域长达 150 米时,现场裁判需要跑起来才能跟上船,尤其是在顺风航段,这一点非常重要)。

该规划将所需观察的船组与观察的特定区域相结合。例如,4 名现场裁判都要盯住起航线,每名裁判负责绕过迎风标和第一个顺风段的一小组船。然后两名现场裁判负责观察通过门标的情况,同时另外两名现场裁判负责观察顺风航段落后的与迎风段上领先的那些相交叉的船。

该框架在选手可获取的文件中已有描述,所以当选手被任命为观察员时能很容易地配合上现场裁判。

附录 F.1 展示了无线电帆船现场裁判定位的框架。

F.4.8 未解决的事件

未能立即解决的事件将在该组竞赛结束后处理。作为标准抗议程序的替代方案,其包含了 10 分钟的抗议时限和仲裁们已制定的不要求抗议者提出书面抗议的加速抗议程序。替代做法是,在事件后已经呼喊了抗议的,抗议者在到达终点后应立即告知现场裁判他的抗议意图。现场裁判记录下基本细节并招呼其他各方参加审理。涉事的所有选手收好船之后到仲裁委员会处报到。然后,分配到这个抗议的仲裁会使用审前程序,如有必要则召开审理抗议。在许多情况下,选手宁愿退出比赛也不愿选择进行审理。

F.4.9 总结

根据 IRSA 附件 Q 进行的现场判罚的竞赛组织得极好对于涉及第二章规则、规则 31 和规则 42 的抗议由仲裁在水上做出裁决。同时,该方法保留了选手抗议和对于涉嫌违反其他规则的审理的权利。

加速抗议程序确保了未得到仲裁裁定事件的快速审理。这使得每组竞赛结束后不久就能出成绩。

无线电帆船行驶和操控的速度意味着事件会发展得非常迅速。无线电帆船为所有竞赛官员提出了真正的挑战。

附件 F.1　无线电帆船现场裁判:定位规划(彩图见 P173)

注：
- 每名现场裁判负责船群的1/4加1条船。在有20条船的小组赛中，每名现场裁判观察6条船的小组（因此会有重叠）。
- 若只有3名现场裁判，则在第一圈删掉U4，留下U2。若只有2名，则删掉U2和U4。
- 如有2圈以上，则根据需要重复位置6到8。

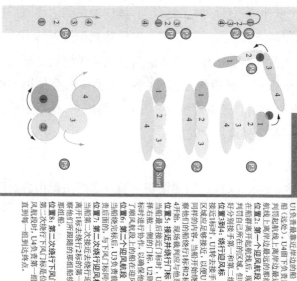

FIRST LAP

位置1：起航前和起航时
U1负责最靠近中间的船（近处），U2负责最靠近起航线后方的船（远处），U3负责最靠近起航线后方的船（后方）。起航时，U1观察场判目已所在的区域，和第二组一起行驶，但U1和U2需要考察将自己的站位移动到2之前，U1观察起航线上离中间最远的那些船。

位置2：第一个迎风航段
在船群离开起航线后，现场裁判结构不变，临督各船的进度，尽管有需场裁判目已所在的区域，U2负责第二组，U3负责第三组，U4负责起航线上第二种队伍的那些船。

位置3到4：绕行迎风航段
接近1标时，U1转去接手第一组，U2负责第二组，U3负责第三组，U4负责起航线后面的船。现场裁判应与每艘船保持好的接触。当船开始绕标时，所有现场裁判移动到1标平行的位置，以做好分别接手第一、和第二、第三组行驶。当船开始绕标时，然后在他们1标后2标之间以观察他们的绕行，现场裁判离开了2标之后才前进。

位置5：接近并绕行1标
当船最后接近1标时，U1和U2观察所有绕行1标的船的那组，U1继续去选择靠近门标一侧的1标，U2侧负责另一侧（现场裁判应在左方行的那一侧）。U3告诉U3他正在正确的位置，U2告诉U3到好时机，从位置4开始。

位置6：第二个迎风航段
当船绕完1标后，U3负责其前面较远的那组，U4负责前面的船，与下风门标行。

位置7：绕行迎风航标
当第二次接近下风门标时，U3和U4观察绕行门标的船。U1观察离开门标较近的那组，U1和U2观察其后面的船。

位置8：第二次绕行下风门标和最后一个迎风航段
第二次绕行下风门标是位置6的重复。但当标准接好地靠近行进入最后一个迎风航段后，U4负责第三组，U1负责第四组。所有人都在顺风航段上观察他们的船。现场裁判第二次绕行2标。U2负责第三组，U1负责第四组。直到每一组到达终点。

REMAINDER OF RACE

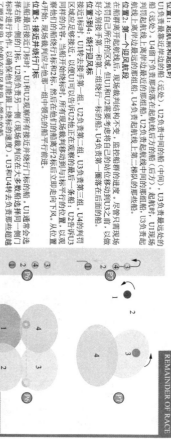

Repeat X
laps and
then to finish

G. 赛事

G.1 抗议委员会主席的赛前责任

赛事开始前，国际仲裁委员会主席和副主席有许多要执行的任务和要检查的物品。

尽管主席的权威性不会越过组织机构，但若能保持相互支持的关系，主席就有相当的影响力。在可能的情况下，抗议委员会主席应婉转地表达，以确保组织机构了解其对抗议委员会的责任。主席可将本手册的 G 章的复印件和赛前检查清单发送给组织机构。这将有助于确认他们所需提供的器材、住宿等。这个清单可以根据赛事的等级进行被修，使其不那么令人怯步。

赛前主要责任落到了主席和副主席身上，但是如果其他成员能帮忙，国际仲裁委员会的准备工作会做得更好。

G.2 与抗议委员会主席和副主席的沟通

主席和副主席的工作自开赛前很久就开始了，包括：

i. 复审竞赛通知和航行细则草案；

ii. 如有需要，协助组织机构选择适合该赛事的仲裁；

iii. 与组织机构在费用报销和住房安排方面达成一致；

iv. 与组织机构沟通抗议委员会在水上和岸上的需求；以及

v. 在仲裁委员会成员之间分配其他任务和职责。

G.3 国际仲裁委员会职责范围内的决策

RRS N2 列出了国际仲裁委员会的职责。RRS N2.2 和 N2.3 列出了根据组织机构的要求，可能给予国际仲裁委员会的额外职责。

国际仲裁委员会是独立于竞赛委员会的,且不包含来自竞赛委员会的成员。它不监督或指导竞赛委员会。严谨的抗议委员会能够向 PRO 提出关于航线和其他竞赛委员会事务的改进意见与想法。若竞赛委员会的决定在要求补偿的审理中受到质疑,抗议委员会将做出不偏不倚的裁决,因为他们没有涉足过那些决定。

G.4 复审竞赛通知和航行细则草案

竞赛通知实际上是赛事组织者与选手之间的协议或契约。组织者规定了他们准备运行赛事的条件,选手使用这些信息来决定他们是否要投入时间、精力和资金参赛。

因此,竞赛通知要包含能够让选手决定是否参赛的必要信息,这一点非常重要。选手们需要有关竞赛规则、广告、资格(船员体重限制、国籍、丈量或系数证书等)、航线类型、替代的判罚方法、计分和奖励等多方面的信息,以及 RRS J1 的其他要求。明智的仲裁会使用附录 J 和附录 K 的竞赛通知指南来复审竞赛通知并确保其已包含所有必要信息,并使用标准措辞来保持一致性,以防将来出现问题。

然而,即使经过彻底的努力,竞赛通知的更改可能也是必要的(例如,船只挡住了港口或政府相关管理机构更改了可用的无线电频道)。在大多数情况下,选手会理解并接受更改,但是更改必须保持在最低限度。例如,把船从澳大利亚运到欧洲的人在发现合同条款已经被更改到了他要是早知道就不会来了的程度,他就有权投诉,并且可能有权获得赔偿。

检查竞赛通知和航行细则是否附录 J, K 和 L 的要求之间存在差异或疏忽。附录 K 建议应注意确保竞赛通知与航行细则中的规则没有冲突。若竞赛通知、航行细则,或赛事执行的其他文件中的规则存在冲突时,RRS 63.7 指示抗议委员会在裁决任何抗议或补偿要求时,适用其认为对所有受影响的船而言最公平的那条规则。然而,好的做法是一发现竞赛通知和／或航行细则存在冲突时就立即修改。

抗议委员会的主席和副主席(如有可能,还有其他成员)应在最终草案达成一致前复审航行细则。成员应把他们的意见发送给主席,主席复审后再提交给竞赛委员会。所有抗议委员会成员都应复审最终版的文件,以便在技术会之前向竞赛委员会提出更正建议。然而,最后时刻的更改应仅限于赛事运行所需。

G.4.1 竞赛通知和航行细则中遇到的常见问题

- 对世界帆联规章 20,广告守则(参见附录 1)的任何更改都需要仔细审查。广告的限制必须在竞赛通知里规定。除非采用某种形式的替代或酌情处罚方法,否则抗议委员会别无选择,只能在认定一条船没有遵从航行细则(包含"船需"或"船不得")的事实后取消其资格。

- 起航线、终点线及航线说明的描述应该非常清楚。若抗议委员会的成员或抗议委员会无法容易地理解它们,那么一些选手也会对此感到困惑。

- RRS 62.2 允许在合理的情况下尽快提交补偿要求。在大型国际帆船赛或世界锦标赛的最后一天,建议通过使用规则 L16.7 来确定提交补偿要求的时间:

16.7 在最后一个竞赛日,以［抗议委员会］［仲裁委员会］裁决为依据的补偿申请应在该裁决张贴后的 30 分钟内提出。此条更改规则 62.2。

H 赛事期间国际仲裁的最佳执行惯例

H.1 抗议委员会的首次会议

赛前活动期间到达的成员越多越好。所有成员最晚应在竞赛开始前一天就位。这会让选手、赛事工作人员、竞赛管理团队和仲裁间彼此了解。这也能够让抗议委员会回答有关丈量、器材检查或航行细则及其他竞赛文件的问题。如果所有成员确实无法提前到达，应当至少有包括主席或副主席在内的小组大多数成员到场。

整个抗议委员会应在第一个竞赛日的前一天开会。

最重要的职责是航行细则最后一刻的检查。更正错误可能会在之后的审理中避免浪费时间。然而，在这个后期阶段，只能做出必要更改，这点非常重要在。

除非抗议委员会获得特别授权去发起更改，否则任何被认为对航行细则的必要更改都必须得到竞赛委员会的同意。

第一次互动中的沟通是非常重要的。通常，竞赛委员会与抗议委员会之间合作的第一次经历将会引导竞赛委员会和抗议委员会在整个赛事期间的彼此尊重。

H. 1. 1 有关回答选手非正式问题的程序

赛前，抗议委员会应决定如何回答选手有关赛事程序或规则的问题。

建议使用以下程序回应选手或教练的询问：

若问题不复杂，答案很简单，且仲裁对答案充满信心，那么仲裁应回答这个问题。

• 但是，仲裁应该强调所表达的观点是出于其自己的，抗议委员会的观点可能不同于此。如果选手希望得到此问题的官方回答,他应以书面形式提交,仲裁委员会的回答将张贴在官方公告栏上。

- 如果仲裁不清楚答案,他应如实告知,并要求以书面形式提交问题,以便获取抗议委员会的答复。
- 若仲裁认为其他选手也许会有同样的问题,那么该选手应以书面形式提交此问题至仲裁委员会。仲裁委员会将在官方公告栏上张贴问题和答案。

即使是与最难缠的选手打交道也应保持公平和公正。语气应耐心平和而又坚定。若选手开始就答案展开争论,请避免争吵,并要求以书面形式提交问题。仲裁不应单独应对难缠的选手。如果你只身一人且很可能发生争论,那么延迟任何讨论直到另一名仲裁委员会成员到场,或者要求选手以书面形式提交问题。

H.1.2 由抗议委员会发起抗议的抗议委员会政策

抗议委员会应讨论并商定观察到犯规情况时(如规则31),由抗议委员会发起抗议的准则。一般来说,由了解该事件的仲裁与主席讨论。他们决定是否提出抗议。切忌与抗议委员会的其他成员讨论该事件,如果那样做了,他们可能会在没有通过讨论获取事先了解的情况下就在审理中对该事件做出判断。尽管抗议委员会在对一条船提出抗议时是作为一个整体的,但是提交抗议表的职责是被委派给单独的抗议委员会成员的。

H.2 与竞委会主席、PRO 和其他官员的赛前会议

在竞赛开始前,应为仲裁委员会成员、竞赛委员会主席、PRO 和其他关键人员,如安全官安排一次会议。会议目的

是要培养合作精神,以及达成相互理解和尊重的标准。仲裁委员会主席或代表也应与丈量人员会面并复查湿衣控制、器材和器材称重程序(若使用)。

抗议委员会应只通过主席或其委托人来与竞赛委员会沟通。主席应只通过 PRO 或其委托人与竞赛委员会沟通。这有助于避免选手收到冲突的指令,并减少根据规则 62 提出补偿要求的可能性。

H.3 技术会

举行技术会是非常可取的。技术会主要目的是向选手介绍竞赛管理团队和抗议委员会的关键人物。这将让选手了解在赛事期间如果他需要帮助解决问题时要跟谁来说。

组委会、竞赛委员会或抗议委员会的任何人都可以主持会议。如果选手讲不同的语言,会议应以英文进行。这意味着会议主席应精通英语,并具有与多语种群体交流的经验。

以下与仲裁委员会提供的服务相关的要点将有助于营造友好、公平和公正的氛围:

- 介绍抗议委员会成员。
- 强调仲裁委员会是在此为选手提供服务的。
- 讨论附录 P,规则 42 的特殊程序(若适用),并在官方公告栏上张贴世界帆联解释。
- 如果在某些场地内可能存在特定问题,请说明抗议委员会将采取哪些措施来监控该场地。遵守规则的选手会欣慰地了解到抗议委员会意识到了可能出现的问题并做好了解决问题的准备。
- 在有青少年或缺乏经验的选手的赛事上,应提醒他们违规后立即解脱的重要性,无论有没有被抗议。也要提醒他们违反第二章的规则或碰标时应按照规则 44 接受惩罚。更要强调发生碰撞后如无人做解脱时，一条船或两条船抗议的重要性。

- 选手经常会就航行细则或一些其他赛事程序提出问题。回答时必须十分谨慎。一方面，抗议委员会想通过快速回答选手的问题来帮助他们。另一方面，问题经常比最初提出时更加复杂。如果答案不明确，最好要求选手以书面形式提交问题，以便抗议委员会能够给予适当关注，并以书面形式回复。强调在问题和答案都张贴在官方公告栏上之前，任何问题的回复都不是官方的，这一点会很有助益。

当抗议委员会与经验不足或青少年选手打交道时，需要更多的共情力和理解力。尽一切努力回答他们的所有问题。根据要求，解释所有的裁决，以便选手及其教练／父母理解。抗议委员会成员始终都应维护公平和公正的氛围。

给选手的标题为《抗议委员会给选手的信息》的文件可以列出适用的准则。其包括：

- 解脱圈数和退出；
- 审理旁听；
- 涉嫌由于竞赛委员会错误记分为 OCS、UFD、BFD 的船的补偿要求；
- 兴奋剂控制；
- 视频证据；
- 抗议。

世界帆联网站（www. sailing. org/raceofficials）上公布了规定赛事一致性的标准文件。建议读者定期访问此网站以获取在那里发布的最新版本文件。

H.4 船只检查

当丈量船只或进行丈量检查时,如果有时间去理解可能会在赛事后期产生问题的程序,则被任命的抗议委员会成员应监督此程序。

船员在赛事期间换船的系列赛中,仲裁委员会可能希望在赛事期间检查船只是否平等。但是,仲裁委员会成员不应取代船只检查人员的工作。

H.5 选手和服装称重

当船员总重量的最大值在级别规则里和／或竞赛通知和航行细则里有所规定时,船员称重在整个运动中变得越来越普遍。

船东的目标是使船员总重量达到或接近最佳值。这意味着在称重前,船员可能会挨饿并加强锻炼,以使体重限制在最大值之下,而后为了比赛再进食。

最佳操作惯例是一个船员在赛前和赛事期间的某些阶段均称重的系统。在高水平赛事中,应考虑为所有船员进行每日称重记录。在其他赛事中,应做好足够多的称重记录,以避免饥饿和暴食的做法。

一些级别规则要求整个赛事期间定期对一定比例的船员进行随机称重。

典型的航行细则会是"船员穿着最少短裤和 T 恤的总重量不得超过称重时的 450 千克。船员需在［日期］的［时间点］到［时间点］间亲自出席称重。"

组织机构必须提供精准的称重设备(平衡臂称重机或电子读数的压力垫),并供选手用于检查自身重量。如果要使用弹簧秤,则应准备接近临界重量的标准测试重量进行测重,以验证称重设备的精确度。目前的做法是由认证称的精确度的当地政府机构对称进行校准和认证。

称重是竞赛委员会或技术委员会的职责。然而,抗议委员会监督称重方法和器材是明智之举。通过这种方式,任何缺点都可以在它们引起可能导致补偿要求的问题之前得到纠正。

当在级别规则或竞赛通知和航行细则中有所规定时,竞赛委员会或技术委员会应根据附录 H 在赛后对服装进行称重,以检查规则 43 规定的限制。明智的抗议委员会将对所使用的方法和器材进行监督。

H.6　与后援人员的沟通

仲裁应尊重所有后援人员。其中,教练和领队都是专业人士。他们通常比赛事的竞赛官或抗议委员会成员有更直接的体验。奥运会队伍教练通常要在一年内参加四五个不同级别的世界锦标赛。这使得他们对当前正在讨论的具体问题及赛事期间可能出现的问题有着独特见解。

组织机构通常希望在竞赛开始前及赛事期间每天早上(若可能)为后援人员安排一次会议。这样的会议为选手、竞赛管理团队和抗议委员会提供了非正式互动的机会。这些会议决不能替代官方公告栏上发布的与选手间的正式交流。

从赛事组织者的角度来看,应强调以下问题和程序:

• 遵守规则;

• 在恶劣天气下和拖带中的安全保护;

• 赛事管理,如停船区、开幕式、社交活动、船只下水和救援;

• 后援船在竞赛中的禁行区。

在最后一个竞赛日的早晨，对以后赛事的建议进行讨论。
这些定期的会议为选手提供了直接或通过其教练提出建设性建议的机会。

与教练进行讨论通常能够防止问题的发生。例如，通过讨论，教练可以跟选手一起合作来改变正走向违反体育道德阶段的行为。

H.7　与媒体的交流

媒体在所有帆船赛中都起到了重要作用。记者和其他参与与公众交流的人是该项运动的必不可少部分。在不影响竞赛公平性的前提性，应给予媒体一切可能的协助与合作。抗议委员会应就推荐哪一位成员作为其代表与媒体交流达成一致。通常会要求当地的副主席做这件事。所有的交流都应通过抗议委员会发言人进行。抗议审理结果的复印件应立即送到媒体中心。抗议委员会的代表应向媒体人解释抗议委员会的裁决或参加新闻发布会。诸如此类的努力能够避免公众观看帆船运动的误解。

I 包括规则 42 和附录 P 在内的水上操作

I.1 声明

本章的大部分内容侧重于附录 P 生效时仲裁的活动。第一部分适用于仲裁在水上观察竞赛的所有时候。本章的剩余部分侧重于附录 P 适用时的规则 42 的判罚。

I.2 监督规则遵守情况——概述

仲裁驾驶着易识别的仲裁艇出现在水上能够使规则更好地被遵守,竞赛质量得到提高。近距离判罚的概念使得选手犯规的可能性降低,因为仲裁正在看着他们,他们可能会被判罚或抗议。通常遵守规则的大多数选手为了追上正在犯规的选手,在"突破规则边界"时所感受到的压力较小。选手们更可能去遵守规则,或者在犯规时做解脱,或者若他们知道仲裁可能已经看到了该事件,就会抗议。

我们的运动基于这样一个前提:选手而非仲裁对自己及同行选手执行规则负主要责任。因此,并不是仲裁在水上观察到的每个事件都会导致抗议、仲裁只应抗议他们看到的了而其他选手没看到的明显犯规情况,或者是涉嫌违反规则2(公平航行)的情况。

仲裁还应记录任何可能成为补偿要求依据的竞赛委员会的错误或不当行为的细节。

I.3 与竞赛委员会的联络

许多级别都有与开放或关闭规则 42 中某些禁止或允许动作的相关风速的特别规则。如果风速超过或低于某一具体限制,竞赛委员会可以在某一标志开放或关闭部分规则 42

（摇帆、滚动和前冲）。对于这些级别，竞赛委员会和水上仲裁之间必须有积极可靠的沟通方式，以确保仲裁正确适用规则42。

若无法使用无线电通信，仲裁应当设法与领先的选手一起绕标，以观察任何可能出现的更改适用的级别规则的信号。

I.4 器材要求

赛前，仲裁主席应安排合适的船艇来进行规则42的水上判罚。合适的船艇是指那些仲裁在当时情形下可安全使用并不会影响航线上竞赛公平性的船艇。若无合适船艇可用，仲裁不应试图进行规则42的水上判罚。

仲裁艇必须适合其所要判罚的船只类型。它们通常必须具有良好的操控性能、硬底材质，且其速度能够使仲裁跟上船群。这些船艇必须能够容纳2名仲裁。该器材应当足够大，以在选手将要竞赛的各种天气条件和海况范围内安全地操控。硬底的充气艇（RIB）通常用于此目的。此外，由于仲裁要在非常靠近选手的地方操控船艇，船艇应最好具有使风影和尾浪最小化的设计。

仲裁艇应标识清晰，以避免与观众船和教练艇混淆。艇上药配备两路对讲机会，这样有助于仲裁和竞赛委员会沟通。根据附录P判罚规则42时，仲裁必须随身携带黄旗和哨子，以向选手出示盘发信号。

下水时，仲裁至少应携带防水笔记本、磁带式或数码录音机、航行细则、与规则42相关的级别规则，以及规则42的解释。

I.5 规则42

规则42包括基本规则42.1，规则42.2中的禁止动作和规则42.3中的例外。

竞赛规则委员会批准了一系列世界帆联规则 42 的解释，并随时对其进行检查和更新。这些解释具有同《世界帆联案例书》一样的权威性，并应结合《帆船竞赛规则》和《仲裁手册》阅读学习。必要时会更新解释，其可在世界帆联网站上查阅：

www. sailing. org/raceofficials/rule42/index. php

世界帆联对这些规则的解释为选手如何竞赛与仲裁如何在水上判罚规则 42 提供了指导。

阅读学习你所要判罚的船的级别规则也是很重要的。某些级别已对规则 42 进行了修改，这会影响到水上判罚。

在水上执行规则 42 的目标是为所有选手创造公平竞赛的氛围并保护遵守规则竞赛的选手。仲裁必须在他（她）的判例中保持一致性。保持一致的唯一方法是要做到完全的客观性。若有人违反了规则，就给予判罚。仲裁团队在他们的判例中保持一致也是很重要的。这要求仲裁在观察的过程中不断沟通。

通过阅读最常见的犯规情况的文件，你可以学到更多个别级别所使用到的具体技巧。这些文件已经被翻译成多种语言，有助于理解所述级别的特点。可在世界帆联网站上查阅：

www. sailing. org/raceofficials/rule42/rule42-breaches. php.

I.6　决定是否判罚

在第一轮竞赛前，仲裁应讨论在特定级别中将会遇到的最常见的犯规情况，以及他们应在何时判罚一条船。讨论他们在最近的赛事中观察到的趋势和问题。在赛事期间，仲裁应定期回顾做出的判罚和他们看到的不寻常的身体动作。仲裁应当避免讨论和甄别个别选手。赛事期间仲裁的轮岗会提高判罚尺度的一致性。

当在水上判罚规则 42 时，只有在仲裁确信他们已经观察到了选手违反了规则 42，且能在该轮过后按照规则和世界帆联解释向选手说明时，才应进行判罚。判罚的公正性和客观性至关重要。对一条船的第二次、第三次或连续性判罚应与第一次判罚完全相同。为了实现这一目标，仲裁不应关注竞赛成绩或黄旗判罚次数。相反，他们应相信其每天在水上看到的情况，以及其动力学原理是如何符合世界帆联规则 42 的解释的。

一名选手可能违反规则 42 的最初迹象之一是，某船的移动、索具或帆、船员身体的动作看上去不同于其他船。仲裁必须要在观察到这些动作和那些动作所产生的作用后，才能得出一名选手违反规则 42 的结论。

如果仲裁在决定判罚之前是按照下列程序做的，则他们将做出更加客观和一致的裁决：

• 正确定位以观察可能出现的犯规情况；

• 描述出他们所看到的情况；

• 将选手的动作与其对船或帆产生的作用相联系；

• 裁定那个动作是否为禁止动作。

仲裁应自问并彼此提问的一些问题如下：

疑似摇帆

• 有冲浪或滑浪的条件吗？

• 冲浪或滑浪时船员正在摇帆吗？

• 收帆与松帆是对当时海况的应对吗？

• 重复的收帆与松帆是在扇动帆吗？

• 反摇帆导致了帆后缘扇动吗？（摇帆 4 允许这样做）

[译者注：见规则 42 的解释，摇帆 4：松弛的缭绳突然收住而

造成的帆面扇动是允许的。]

- 你能把帆后缘的扇动与身体的移动联系起来吗？或它的扇动是由于其他因素吗？

疑似滚动

- 是选手导致该船滚动的吗？
- 选手是否在（船群）自然滚动中动作较为突出？
- 选手以滚动去协助了船的转向吗？
- 滚动的次数与船转向的次数一致吗？
- 滚动与浪是同步的吗？

疑似前冲

顺风航段：

- 选手是突然停止了他（她）的身体前移吗？

迎风航段：

- 有浪吗？
- 选手的移动与浪同向吗？
- 帆在扇动吗？
- 帆后缘的扇动是浪导致的吗？
- 跟其他船比起来如何？

疑似摇舵

- 用力移动舵柄了吗？
- 摇舵使得船朝着任何方向推进了吗？或者防止其向后移动了吗？
- 该船高于近迎风航线并明显地改变航线至近迎风航线了吗？
- 这次摇舵是否抵消了上一次摇舵？
- 若选手正在使帆反受风，摇舵阻止了船的航线改变了吗？

反复的迎风换舷或顺风换舷

- 单一的迎风换舷或顺风换舷使船速增加了吗？
- 迎风换舷和顺风换舷的时间间隔与频率是多少？
- 顺风换舷使船改变方向了吗？
- 迎风换舷或顺风换舷对于战术原因和风向改变而言是合理的吗？

综述

仲裁必须将监督所有违反规则 42 的情况牢记于心，即使是那些上面未提及到的，诸如通过阻挡他人来推进，以及通过将脚或身体浸入水中来降低船速。

I.7　赛事程序（群发赛）

仲裁必须熟知附录 P，规则 42 的特殊程序。该附录概述了规则 42 在水上的判罚和程序。仲裁还必须熟知规则 42 和规则 42 的解释。在每天下水前，仲裁应复习规则 42 和对规则的解释，以便仲裁心中清晰明了。

竞赛期间，水上的仲裁应尽全力监督观察整个船群，但是主要精力应放在船群的前 1/3 上，因为领先选手普遍比较典型。

违反规则 42 分为两种类型：战术上的和技术上的。

- 战术犯规是为了获得直接优势，持续时间很短。这种情况通常发生在起航线上、超越权利船时、标区附近或终点线上。
- 规则 42 的技术犯规发生在航线周围，是选手常规行驶风格的一部分。

在正常情况下，船上的两个仲裁在判罚一名选手之前应就技术犯规达成一致意见。虽然疑虑会使选手获益，可一旦仲裁确定犯规，应当立刻判罚并保护其他选手竞赛的公平性。

看到明显战术犯规的仲裁可以并应当独立进行判罚。

I.7.1 出示判罚信号

一旦仲裁决定要判罚某船,一名仲裁应负责出示全部判罚信号并做好记录,另一名应专心驾驶。

负责信号的仲裁应立即将黄旗高举在空中,并在仲裁艇移动就位去呼喊选手时保持其垂直。因为仲裁艇经常会不得不以比正常情况更快的速度移动就位以即刻进行呼喊,在移动就位时一直举着旗会让选手知道仲裁艇的突然移动是有目的的。

当仲裁艇足够靠近、仲裁确信选手能听到并理解时,仲裁应当力吹响他(她)的哨子,用黄旗指向被判罚的船,并大声呼喊其完整帆号。若该选手看起来像是没听到或不理解呼喊,那么再重复一次,如有可能,进行目光接触。要绝对确定该选手知晓他(她)正在被判罚。

一旦仲裁确定判罚信号清晰,且选手知晓判罚后,应立刻移除黄旗。

谨记信号应清晰,呼喊应响亮且清楚,以便犯规的船周围所有的选手也能知道谁被判罚了。

I.7.2 记录判罚

记录判罚的仲裁应记录好船号、竞赛轮次与航段、时间、犯规细节、相关规则和解释、选手回应判罚所采取的措施,以及有必要考虑的其他特殊情况,诸如起航被召回。

当观察到选手做了两圈解脱时,记录好他们开始和完成转圈时的舷边。仔细观察被判罚的船是否做了完整的解脱(根据规则 44.2,两圈解脱包括 2 个迎风换舷和 2 个顺风换舷)。

若仲裁同时判罚了两条船,每个人将分别观察一条被判罚的船,以确定每条船都正确地完成了解脱。

若判罚刚好在一条船到达终点之前或之后,仲裁应记录被判罚船初次到达终点的名次和在完成解脱后第二次到达终点名次,以及分别在那两次达到终点时在该船之前和之后到达终点的船。仲裁应检查成绩以确定该船按正确到达终点的名次计分。若该船在完成解脱后没有正确到达终点,仲裁必须告知竞赛委员会,该船可能被计为 DNF。在仲裁进行判罚后,确保该船符合达终点的定义的责任由仲裁承担,而非竞赛委员会。

在当天竞赛总结时,仲裁必须将所有黄旗判罚与选手采取的措施报告给负责记录判罚的仲裁。若仲裁没有做出任何黄旗判罚,则提交无行动的报告。

若选手继续竞赛或没有正确完成解脱,仲裁必须向做记录判罚的仲裁报告该船被取消资格:第一次判罚为 DSQ,第二次、第三次及后续判罚为 DNE。负责记录判罚的仲裁将根据附录 P2 判罚向竞赛委员会提出建议。负责核查成绩的仲裁也应检查张贴出来的成绩以确保其反映了正确的判罚。若选手根据公布的成绩要求补偿,那么仲裁应做好参加审理的准备。P4 限制了根据 P1 采取措施的补偿的可能性,但呢体育限制根据 P2 来调整某船的记分。

当仲裁判罚了某选手后,竞赛委员会紧接着延迟了该组起航、发出了全召信号或放弃了该轮竞赛时,则不再要求该选手做解脱。若这是该船第一次犯规,则不必做两圈的解脱。若这是该船的第二次或接续犯规,则该船可参加重新起航(见 P3)。但是,仲裁必须按常规记录并报告此判罚,因为此次判罚仍将计数以确定该选手在系列赛中被判罚的次数。

当仲裁第三次或继续接着判罚一条船但她却没有退出时,给予她的惩罚需为取消其在本赛事中所有轮次的资格而无需审理。她在本赛事中所有轮次的记分需为 DNE,并且抗议委员会需考虑根据规则 69.2（a）召集审理。

磁带或数码录音机是非常好用的工具。一些能够使整体效益最大化的最佳做法如下：

- 对录音机进行防水保护并对麦克风进行降噪处理。
- 当定位在极有可能发生战术犯规的地方时,一直开着录音。从起航前的最后 90 秒开始,贯穿整个绕标以及观察到达终点情况时。
- 当讨论疑似战术犯规时,对仲裁间分析选手动作的对话进行录音。这有助于之后向该选手描述你所看到的情况。
- 当判罚选手时,录下判罚的呼喊并在选手完成解脱时一直开着录音机。
- 开着录音机的时候,要格外注意保持声音和语调客观性和非个人性。仅通过帆号来指明选手并避免个人的或主观的评论。清楚完整的判罚录音能够明显提高仲裁在选手心里的可信度。
- 请注意,一些仲裁原则上反对被录音。在使用录音机之前,征求与你同行的仲裁的同意,并考虑录音的保密性,除非你们俩都同意分享录音。
- 偶尔回听一下你的录音,仔细聆听你描述的所看到的行为,并从中获得提高。

I.7.3　向选手解释判罚

仲裁应回答被判罚选手的问题,无论是轮次间在水上,还是赛后在岸上。

当与选手讨论犯规时,请尽可能详尽地说明选手的动作细节。描述首先引起你注意到船和选手的原因。描述该选手的动作是如何作用于船的。解释他(她)违反了哪条规则及相关的世界帆联解释。

选手可能因为仲裁的判罚而生气、不安或困惑。请注意,有些人会将判罚与暗箱操作联系起来。仲裁可通过冷静地谈论选手的具体动作,并避免暗示选手的动机或意图来减轻情绪对抗的风险。若涉及某事件的两名仲裁都在场,他们应设法一起与该选手沟通。一名仲裁应冷静地处理大多数的对话。另一名仲裁应注意观察是否有讨论正在变成对抗或争论的迹象。若有了这个迹象,第二名仲裁可以建议稍后再继续谈话。若只有一名涉及该事件的仲裁在场,最佳做法是在向该选手解释判罚时,请其他某个仲裁一起到场,以避免在后期出现误解。

大多数时候,仲裁应让选手发起该讨论。当仲裁认为选手可能无法理解他们的动作是如何违反了规则 42 时,应更加积极主动地组织会议。这特别适合于青少年或低水平成年人赛事,选手缺乏经验,或选手因同一个动作第二次被判罚的时候。仲裁能够通过解释和澄清选手是如何犯规的来帮助他们避免更多的判罚。

I.8　仲裁艇的定位

在执裁一个运动项目时,能够在正确的时间处于正确的位置上是做好这项工作的关键。对于规则 42 的水上判罚,其目标是将船定位在接近潜在问题的位置,这要求:

- 了解群发赛战术——预测选手的动向。
- 了解特定船型设计的特点——了解哪些类型的禁止推进动作对该船型最有效。
- 综合考虑竞赛船型、仲裁艇、仲裁人数、海况、航线结构和当地地理——最大限度地提高仲裁掌控整个船群的能力。

- 常识与勤勉关注——及时应对不断变化的环境。
- 持续关注其他仲裁艇的位置。

虽然一直监控所有船群是显然不可能的,但是仲裁艇要覆盖航线是可实现的目标,这样每条参赛船都会意识到每轮比赛的某些时候,仲裁都是在场的。有效的最佳方法是把你的船定位在船群前方附近并开着发动机以与选手相似的速度一同前进。仲裁应密切关注领先选手,但是观看视角要广,以尽可能地观察更多的选手。

在许多多船群的赛事中,仲裁没有足够的资源来掌控全部。若不得不做出选择,仲裁应优先关注起航、顺风航段和终点航段。

在判罚一条船时,驾驶员必须在足够靠近选手以清晰地出示判罚信号的需要与保持足够远以避让选手解脱的需要间找到平衡。

操船的仲裁负责确保他们发动机的尾浪最小化,并将仲裁艇定位在风影效果最小的地方。

当靠近选手时,仲裁艇应当保持可预测的航线,设法以直角穿越船群。仲裁艇在前方穿越时至少应有 5 倍船长,在后方穿越时至少应有 1 倍船长。在顺风航段上,注意在滑浪条件下,选手经常会做急剧的航线改变来充分利用浪。若你发现自己太靠近那些船,你的最佳选择可能就是停下来,让选手饶过你。当这样做时,仲裁艇驾驶员可高高举起双手以示意选手仲裁艇已经停了。

除了在起航和第一个迎风航段期间,仲裁艇应当定住位,以便最多数量的选手能够看到他们。

I.8.1　起航前

自准备信号起规则 42 生效。通常来说,起航前大约一分钟外,违反规则 42 的情况都是很罕见的。在小风天,准备信号发出后,到达起航区域有困难的船可能会利用违规动力,包括用教练艇拖到起航区。在起航线远端想要起航的船可能会违反规则 42 以图迅速穿越起航线。

事件发生后尽快出示判罚信号,不要等到起航信号发出时。

被判罚的船必须避让其他船并立刻转两圈来解脱。

I.8.1　起航时

必须快速出示判罚信号;因此,仲裁艇必须避开其他竞赛船。
(彩图见 174 页)

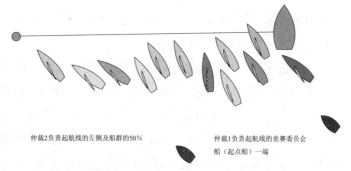

规则42起航线上的犯规:
摇舵
身体晃动摇帆
在小风中滚动

仲裁2负责起航线的左侧及船群的50%　　　　仲裁1负责起航线的竞赛委员会船(起点船)一端

常见犯规:

- 恰好在起航信号发出前摇舵。

- 在起航线上通过身体晃动来使船滚动或扇动某面帆的反复滚动 / 摇帆。

- 起航前滚动,设法将自己的船从第二排挤到第一排。

- 起航线上的一次滚动很明显地推进了该船——基本 4。

[译者注:基本 4 即为规则 42 解释的基本 4:明显推动船前进（任一方向）的任何单一身体动作都是被禁止的,规则 42.3 允许的除外。]

仲裁艇的定位

作为航线负责人的仲裁将分配起航线后方的位置。仲裁艇通常是从右至左排开。他们的定位取决于选手的分布而不是实际上的起航线。当被分到起点左侧时,这条艇要负责最靠近起航线左侧的那些船。

根据船群的规模,仲裁艇的定位应在船群后方足够远的位置,以能够观察 10 到 15 条船,但又要足够近以能快速做出反应。由于大多数选手在起航前的最后位置通常都是右舷,因此仲裁艇定位在这些船的船尾时,将拥有最佳视角。

当一大群选手试图从起航线右端(通常是信号船的那一端)起航时,仲裁很可能会发现他们观察选手的最佳位置是在整个起航线的右下方。

I.8.2　迎风航段

仲裁会发现要移动他们的仲裁艇到一个好位置来出示判罚信号而又不影响其他竞赛船是很有挑战性的。在小风天,呼喊和哨声可以传播较长的距离,仲裁艇无需过多移动就可出示判罚信号。起航信号发出即刻后,可能无法在不影响其他竞赛船的情况下立即出示信号。在这种情况下,等到你能较好地接近该选手时再出示判罚信号。当你不得不延迟判罚时,你可以快速补充　个解释(如"在起航线上向后滚动"),选手就会知道自己被判罚的原因。(彩图见 175 页)

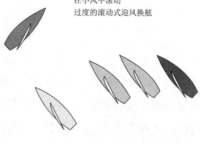

规则42在迎风标处的犯规

用身体摇帆
用缭绳摇帆
在小风中滚动
过度的滚动式迎风换舷

仲裁2

仲裁1

仲裁监控船群但重点关注相遇的船和靠得近的船。

常见犯规：

小风天：

- 通过身体晃动来使船滚动

- 反复地滚动式迎风换舷

- 大幅度滚动式迎风换舷，以在换舷后提高船速

大风天：

- 通过在甲板上或压舷带上弹跳身体来扇动帆

- 通过连续快速地收放主缭绳来扇动帆

仲裁艇的定位

仲裁艇通常定位于船群后方并关注压力点。仲裁艇可以在船群中移动，但是应非常小心自己的尾浪。另外，仲裁艇发动机噪音和螺旋桨尾流可能会分散选手的注意力。仲裁艇应避免长时间与单独的一名选手并行。

在迎风航段的尽头，仲裁艇应开始为下一个航段准备就位。观察船群前 1/3 的仲裁艇应当移动到能够观察到领先选手进入横风或顺风航段的位置上。在本段的尽头，观察船群后 2/3 的仲裁艇应移动到能看得见迎风标志的位置上。

在第一个迎风标志处,仲裁艇应明显可见。第二条仲裁艇就位在船群的下风处,应跟随驶入横风航段的领先选手一同前行。在横风段上,定位在船群的下风处能使仲裁更靠近船群而减少风影效果和尾浪的负面影响。(彩图见 175 页)

规则42在迎风标处的犯规

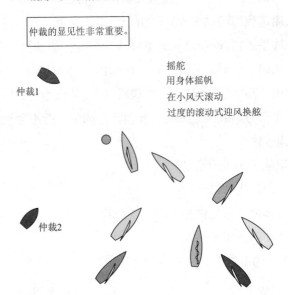

仲裁的显见性非常重要。

仲裁1

摇舵
用身体摇帆
在小风天滚动
过度的滚动式迎风换舷

仲裁2

I.8.3　横风航段

在这一航段开始后,仲裁应当积极讨论并裁定冲浪和／或滑浪条件是否存在。若条件是临界状态,仲裁必须反复考虑风况的小改变可能会导致冲浪和／或滑浪条件的来来去去。

船速的提高并不一定就符合冲浪(顺着浪的前部迅速加速)的条件。

选手在横风段上经常通过违规摇帆开始冲浪以试图赶超其他船。看到这种情况后,其他船也可能开始违规摇帆,以维持自己的位置。理想状态下,仲裁会在此之前采取行动,但是若没能这样做,他们应判罚他们看到的第一例明显犯规的情况。

在极少数情况下,仲裁失去对船群的管控,大多数船都在违反规则 42,此时仲裁必须采取行动,他们应判罚第一例明显犯规的情况并继续判罚直到船群开始遵守规则。

当一个浪结束而另一个浪开始时的判罚会很有难度。你可以因为船速骤增的结束而判断出一个浪的结束。当船滑行时,不允许选手摇帆,即使是该船可以从一个浪移动到另一个浪上。

大风天时,区分快速调帆和摇帆的区分通常很难。规则允许应对风、阵风或浪的变化进行调帆,即使是快速的。然而,规则并不允许与风或浪无关的反复调帆。选手可能不会经常摇帆。

常见犯规:

- 与浪或风无关的反复调帆;

- 每个浪摇帆超过一次;

- 用身体摇帆以促进冲浪和 / 或滑浪;

- 已经冲浪或滑浪时摇帆;

- 前冲(通常是在大风天中促进冲浪)。

仲裁艇的定位

仲裁艇应待在船群的下风。在迎风标处的那条艇从船群的上风边观察。

若你看到了绕标期间的不当动作,要等到该船来开该标志并处于下一个航段上时再去出示判罚信号。

I.8.4 顺风航段

若仲裁看到选手在不改变方向的情况下,以桅杆相同的方向反复移动他们的身体来滚动船只,那么该选手就是在滚动。在正向滚动中,迎风滚动是由选手先移向迎风侧导致的。在反向滚动中,选手先移向下风侧以开始滚动。若选手移动身体来抵抗船的滚动,这是规则所允许的调整动作。

识别可能正在违规滚动的船的最佳方式是要保持广阔的视角。你会很自然地看出那些比周围的船滚动更多的船。观察那些船以确定是什么导致了其额外的滚动。你应当判罚那些与风或浪无关的身体运动或反复调帆,它们引起了滚动并且不被例外所允许。这可能会很难判罚,因为选手会将允许和禁止的动作结合起来。与同行的仲裁讨论所有你看到的细节。若你不确定该动作是否被允许,那么再观察一会,只有在两名仲裁都认为该滚动是禁止的且能向选手清楚地描述禁止的身体动作时才进行判罚。

世界帆联解释滚动 3 指出不要求选手阻止其船的自然滚动。但是,当船开始不稳定时,导致船发生反复滚动的一个单独的身体运动是禁止的(滚动 5)。

在本航段最后 100 米内,注意大幅度的顺风换舷或摇帆。

常见犯规:

• 滚动;

• 小风天中,与风摆或战术考虑无关的反复明显地顺风换舷;

• 与不顺风换舷相比,在顺风换舷期间的大幅度滚动更快地推进了船;

仲裁艇的定位

一条仲裁艇要始终定位在船群的前方附近。通常,这条仲裁艇还要在整轮竞赛中跟随领先选手。在前方附近定位一条仲裁艇能勉励领先者遵守规则。这有助于确保选手通过公平航行决出胜负。

两条仲裁艇都应设法在船群中移动。若一条仲裁艇想要从船群的后面越到前方,它应在加速时避开船群,这样做不仅是为了安全,还为了使其尾浪对选手的影响最小化。当加速移动时,设法找到仲裁艇产生最小尾浪的速度。对于许多小型动力艇而言,以中等速度前进会产生最大的尾浪。除非为了安全必要,否则你应避免这种速度。

带头的船应从门标中间观察船群的第一次绕标,避开竞赛委员会和媒体的观察视线。(彩图见 176 页)

规则42在顺风航段上的犯规

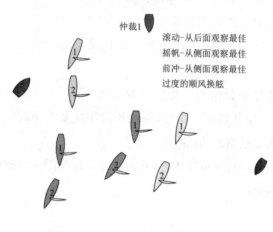

仲裁1

滚动-从后面观察最佳
摇帆-从侧面观察最佳
前冲-从侧面观察最佳
过度的顺风换舷

I. 8. 5　终点线

最后一个航段上的问题是相同的,只是当船冲终点时,仲裁艇必须一直在终点区域内。

当仲裁恰好看到在终点线上的犯规时,他们可以并应当判罚那些船,即使她们已不再竞赛了。当一条船已经到达终点时,尽一切努力快速地出示判罚信号,以便选手能够立刻做解脱并重新到达终点。

注意:对于该选手的第二次、第三次或随后的黄旗抗议的判罚是要退出该轮竞赛而不是做两圈的解脱。若终点线拥挤且竞赛委员会很忙,该选手会等待一个明显的时机来通知竞赛委员会其正在退出比赛。

常见犯规:

- 在冲终点时,摇帆去超越一条或两条船。

- 在小风天的冲终点的迎风航段或顺风航段上时,用力地滚动式迎风换舷或顺风换舷,而且要么是反复且与风况改变或战术无关的,要么其导致该船比在没有迎风换舷或顺风换舷情况下的速度更快。

- 通常情况下,若两条船距离接近地来到终点线,一条船将设法做一个大的滚动并摇帆,或者两条船都会这样做,刚好在终点赶到前面。在这种情况下,仲裁需要准备好快速反应,但是要正确。一次滚动或一次摇帆并不违反规则,除非其明显推进了该船并违反规则 42.1。(彩图见 176 页)

 规则42最后一个横风航段上的犯规

摇帆
用身体摇帆
滚动

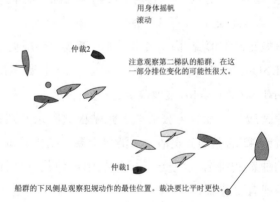

仲裁2

注意观察第二梯队的船群,在这一部分排位变化的可能性很大。

仲裁1

船群的下风侧是观察犯规动作的最佳位置。裁决要比平时更快。

仲裁艇的定位

一条仲裁艇应定位在最后一个卜风标附近并跟随领先的船一起向终点线移动。仲裁艇应靠近并定位在第一梯队竞争激烈的船群的下风,并跟随她们驶向终点。之后仲裁艇应留在终点

区域。

第二条仲裁艇应观察最后一个顺风航段的后部,然后在最后快要到达的区域巡视,特别要注意那些"压力点",在那些地方船会挤在一起,并且可能会违反规则 42 以获得超越。

I.9 在技术会上(有 / 无附录 P)

告诉选手们有一个积极工作的仲裁委员会出现在水上,这对遵守规则 42 方面有明显的效果。主席应强调下列要点:

- 仲裁只会对明显犯规采取行动。
- 仲裁不会就规则 42 的犯规发出警告。
- 仲裁会公布根据附录 P 判罚的船的清单。
- 提醒选手规则 60.1 仍适用,一条船可以抗议另一条船。

I.10 赛后在岸上

返回岸上后,仲裁应向规则 42 的协调员提交他们的判罚。他(她)将立刻编制所有规则 42 判罚的综合清单,并进行审核,以确定是否所有选手都做了正确的解脱。若一条船没有做正确的解脱,协调员将通知竞赛委员会根据规则 P2.1 (DSQ)、P2.2(DNE)或 P2.3(该轮或本赛事所有轮次 DNE)取消其资格,这取决于选手的行动。

仲裁应尽快在官方公告栏上张贴根据附录 P 判罚的违反规则 42 的船的完整清单。清单上要包括出示每一次黄旗的仲裁的姓名,以便选手能够找到该仲裁,提出他们的问题或者要澄清的事项。

仲裁应在竞赛结束返回岸上后,与选手讨论他们的任何判例。这些讨论应始终在选手和判罚了该事件的仲裁之间进行。主席可能会随机监督对话,并在对话开始变得有争议或激烈时缓和局面。

I.11 规则 42 的补偿审理

规则没有禁止一条船以涉嫌由仲裁的不当行为而取消资格为依据的补偿要求。

若使用附录 P，补偿仅限于仲裁未能考虑竞赛委员会的信号或未能正确运用级别规则解释的情况下根据 P1 采取的措施，除非航行细则更改了这一条。例如，激光级对 P4 的措辞进行了修改。

I.12 附录 P——规则 42 的特殊程序

附录 P 列出了违反规则 42 的水上判罚程序和惩罚内容。该方法是从以前一些级别和多级别赛事使用的方法演变发展而来的。它于 1992 年在奥运会帆船赛上首次亮相。和所有方法一样，有其优点和缺点。

优点：

• 选手看得到仲裁采取的行动并理解规则 42 的限制。

• 第二次、第三次和后续的判罚是足够严重的，以阻止选手违反规则。

• 选手更加清楚判罚时的状况，使赛后的讨论更有助益。

缺点：

• 当选手扎堆时，在仲裁可能出示判罚信号（例如：起航时摇舵）之前会出现延迟。这会引起选手的困惑和抵触（例如："我没在做任何事"）。

• 水上仲裁的数量经常不足以持续监控整个船群。因此，选手会认为执裁是不一致的，因为仲裁可能会错过某些严重犯规，而看到并判罚其他不太严重的犯规。

• 仲裁艇可能不足以机动的穿越整个船群，妨碍了仲裁对整个船群进行平等监控。

- 选手可能不想承担遵守规则 42 的责任。

- 当他们认为仲裁没有看到他们时,他们可能会犯规直到他们被抓住,认为其获利是值得冒险偶尔被罚两圈的。

在过去的十年间,使用规则 42 水上判罚的情况有所增加,并随之扩大了仲裁的职责。尽管竞赛规则在增加附录 P 之前允许进行水上判罚,但其在规则书中并没有具体描述。因此,其判罚方法和在航行细则中的描述因赛事而异。

附录 P 对此进行了整理编辑,并创建了一个一致性框架,选手和仲裁可以在其中运作。现在赛事组织者可以轻松运用附录 P,并为规则 42 的水上判罚做出规定。

仲裁和选手可能在规则 42 和在如何水上判罚上持相反立场。然而,他们必须接受书面规则和世界帆联对规则 42 的解释。若他们不同意某条规则,他们可以根据世界帆联文件化的程序提交更改规则的提案。

仲裁不应仅仅因为所有船似乎都违反了类似数量的规则而允许某个级别出现一定程度的违禁行为。执裁必须保持客观性,并判罚违反规则的船。级别协会可以通过其级别规则来更改规则 42。

当仲裁接受了执行规则 42 水上判罚的赛事的任命时,他们必须愿意尽最大努力执行现有规则和解释。与有仲裁被赋予权利来执行推进规则而观察到了明目张胆的犯规却不作为比起来,没有仲裁在水上要好得多。

仲裁应在证据不足时不予判罚选手,并永远不做出惩罚,除非他们确定犯规。然而,一旦他们确信了,他们就必须采取措施来保护公平航行的选手。

J　抗议委员会的管理

J.1　抗议委员会秘书的职责

抗议委员会秘书工作中最基本的部分是组织抗议委员会接待处来接收和处理抗议。理想情况下，抗议委员会接待处应位于抗议室的隔壁。秘书和主席应在赛事开始前协商并决定要使用的方法。其需要很好地适用于航行细则中列出的抗议时限

抗议委员会秘书的工作取决于所涉及人员间的工作关系。好的秘书能够纵观全局，使抗议委员会集中精力在竞赛、审理和规则上，而无需担心管理问题。秘书应按下述进行检查：

- 抗议委员会办公室内有足够的桌椅、灯光、笔记本、抗议演示模型；
- 官方公告栏符合航行细则中的规定并能正确识别；
- 有可用的设备，如打印机、专用复印机和电话；
- 主席、竞赛委员会和成绩处理等部门间的沟通已达成一致并能正常进行；
- 当国家管理机构的规定适用时，为所有选手准备英文版的复印件［规则 J1.2（4）和 J2.2（5）］并张贴在官方公告栏上；
- 为带笔记本电脑来工作的仲裁提供 Wi-Fi 密码；
- 在抗议接待处准备好抗议表和分数质询表。

为抗议委员会提供：

- 为抗议委员会的每个成员提供竞赛规程、航行细则、适用的国家管理机构的规定，L 通知，级别规则和其他通知的

复印件；

- 每个级别填写抗议表的每日时限；
- 所采取的替代判罚的每日清单；
- 若补偿要求需要，拿到标旁记录表和终点记录表的复印件；
- 根据规则 N1.8 要求，展示所有有关驳回上诉权或国际仲裁委员会的构成的信件。

仲裁秘书遵循主席制定的程序，如：

- 主席是否要求秘书在审理期间待在审理室内或外；
- 整个裁决是否要打印并张贴，是否有格式要求；
- 是否要陪伴仲裁下水或待在岸上。

J.2 一般的日常管理

参加抗议委员会和竞赛委员会的会议。确保所有选手通知、航行细则更改等已由相关官员（PRO、竞赛委员会主席或抗议委员会主席）签署并尽快地张贴。必须为选手准备足够的复印件。

每天，抗议委员会的每位成员都需要将所有新的纸质文件（修改等）归档。官方公告栏上的抗议委员会区域必须保持整齐。

若航行细则明确规定需要抗议委员会的批准，则必须处理船员更换和拖船上岸的申请。

J.3 接收抗议

必须公布抗议委员会接待处开放接收抗议（或在其他地方时，需要通知）的时间。

接收抗议表的人永远不得拒收任何抗议表或补偿要求，无论表格的形式如何，以及是否是在时限外接收到的。在提

出各种要求的有效性后,只有抗议委员会可以裁定一个抗
议或要求是否有效。

J.4 记录并复印抗议

在接收时,每个抗议或补偿要求都应编码,写上日期、时间
以及接收人姓名打头的大写字母。在抗议表上记录好这些
信息并在抗议登记表中做好相关记录。

为抗议委员会的每位成员、提出抗议或补偿要求的人及被
抗议人复印每一份抗议表。主席保留原件。每一份抗议文
件应当装进 A4 信封内,将抗议的细节写在封面上或由主席
提供的具体表格上。

在抗议接待处给参加审理的各方留好复印件,并尽可能地
为每一方提供一份复印件。

J.5 仲裁调解方法

当抗议被提交至抗议接待处时,接收抗议表的人登记好时
间并请抗议方站在旁边等待。然后,仲裁会确定该抗议是
否符合仲裁调解的要求。若符合,仲裁会要求抗议方找来
另一条船的代表。若各方接受以仲裁调解代替完整审理,
则尽快安排仲裁调解会议。

若其中一方没有来参加仲裁调解会议,则仲裁调解会议不
会进行。仲裁调解的自愿性使得规则 63.3(b)不适用。之
后抗议委员会秘书会安排抗议审理时间。

若仲裁调解未能解决该抗议,则会安排抗议审理。有关仲
裁调解的更多详细信息,可参阅 L 章。

J.6 在事件中接受惩罚

提交抗议时,被抗议方可能会在审理前就此事件接受惩罚。

确定此事件是否导致了船只损坏或选手受伤。若没有损坏或受伤，该船可通过退出该轮竞赛来接受惩罚，或接受航行细则中的可选择的惩罚。若存在严重损坏或受伤，判罚将是退出当轮竞赛。要求选手在抗议表上按如下内容书写：

"我接受本次抗议中所述事件的判罚，并因此退出竞赛［或接受_____(填写可能存在的可选择的判罚)的惩罚］。"

被抗议方的代表将签署该表。此类声明会可能使用单独的表格。如果是这样，就把它钉到抗议表上。对于所有的声明，抗议必须照旧提交给抗议委员会，也许那时所有其他的审理都已经结束了。

一旦做出了声明，就询问抗议方他（她）是否愿意撤销抗议，因为根据规则 64.1（b），被抗议方现在已经接受了惩罚，且如果进行审理的话，也不会再受到进一步判罚。如果抗议者同意，让他在抗议表上写："我愿意撤销此抗议。"之后抗议委员会可以根据规则 63.1 撤销抗议。

J.7　撤销抗议

一旦抗议被接收，抗议者要求撤销该抗议必须得到抗议委员会的批准，作为其裁决（规则 63.1）。这涉及一个简短的审理，抗议者需陈述提出该请求的理由。如果抗议委员会认为其请求合理，则将允许撤销。该选手也应在抗议表上签署撤销该抗议的确认。

J.8　安排审理时间

若知道审理开始的时间，可以通知到抗议船的代表其审理安排的时间。前几个审理最好计划间隔 20 分钟，再之后的间隔 30 分钟（假设只有一个抗议委员会）。因此，若前一两个抗议无效的话，几乎不会耽误时间。若第一个审理耗去了更多的时间,则可以重新安排剩余审理的时间。

目标是让抗议委员会一直工作到所有审理完成(需要时可以吃饭休息)。要使选手等待的时间尽可能短。若审理进度迟于计划,之后的审理应被重新安排,以使选手能有时间去换衣服或吃饭。

当有相互抗议或不同船有关同一事件的抗议时,它们应被安排合并审理。

主席应首先阅读已提交的抗议并决定最有效的审理顺序。首先安排竞赛官作为抗议一方的审理,以便他们能够参加后续的审理。在赛事的最后一个竞赛日,首先安排审理涉及可能是获奖选手的抗议,以便颁奖能够尽快开始。

即时将任何的补偿要求告知竞赛委员会,以便其有尽可能多的时间去进行调查。

在抗议时限后在尽快地在官方公告栏上张贴审理时间安排,但是可以在抗议时限结束前张贴。只要抗议各方准备就绪,抗议可以在抗议时限结束前就开始审理。

J.9　审理

当抗议委员会准备好审理时,给抗议委员会的每位成员一份抗议(或补偿要求)的复印件。当抗议委员会准备开始进行审理时,召集各方,通常是每条船一个人,必要时还有翻译。

查看替代的水上判罚清单,以核实该抗议所涉及的事件中的每一方是否做了解脱。

若允许旁听,抗议委员会主席应提醒旁听者遵守旁听规则。

抗议委员会秘书应确认证人已到达并在外等候,在召集证人时请他进入审理室。确保他们进去作证之前听不到审理的进展情况。

在每个审理后,记录好裁决,并将原始抗议表、委员会笔记和收到的与审理相关的所有文件归档。好的做法是每个案件都有大信封,封面上标有抗议编码和各方。当天所有抗议审理结束后,抗议委员会秘书应与编排和媒体沟通成绩。与主席协商后,完成抗议裁决记录表并张贴在公告栏上。

在最后一个竞赛日,通常会有一个要求重审或以抗议委员会裁决为依据的补偿申请的时限。立刻在官方公告栏上张贴这些裁决和个别案例要求重审或补偿的时限,标记好张贴的日期和时间

若有选手要求书面裁决,仲裁委员会秘书应确保为选手提供完整的书面裁决。

J.10 最后一轮竞赛后

抗议委员会秘书在与主席商量后,应确保所有抗议和文件已归档,转交给组织赛事俱乐部以供参考。其应在赛后至少保存 6 个月。

K 抗议审理

K.1 权限、一般原则与准备

抗议委员会的权限受制于当前版本的《帆船竞赛规则》中定义的规则。一条船违反政府、港口或海事机构的规定不在抗议委员会的权限内,除非竞赛规程或航行细则中包括了一条船要遵守此类法律条文的要求。

规则中定义了四种不同类型的审理——抗议审理、补偿审理、考虑后援人员是否违反了规则的审理和品行不端的审理。规则2和69中的品行不端在本手册的N章中有所涉及。

前三种类型审理所依据的规则如下表所示:

审理	发起人	规则
抗议	船	60.1(a)
抗议	竞赛委员会	60.2(a)
抗议	抗议委员会	60.3(a)
抗议	技术委员会	60.4(a)
补偿	船	60.1(b)
补偿	竞赛委员会	60.2(b)
补偿	抗议委员会	60.3(b)
补偿	技术委员会	60.4(b)
后援人员	抗议委员会	60.3(d)

发起、进行和裁决这些审理的规则和程序正式列于规则书的第五章。但是,还有其他没有明确定义的其他审理类型。例如,当组织机构要求抗议委员会来裁定不因抗议或补偿要求而导致的有关资格或丈量的问题时,或许要通过正式的审理来决定。根据规则N2,国际仲裁委员会可能被要求

来裁定直接影响竞赛公平的事项。这样的要求可能需要从选手、官员或其他参与者处获取证据。在这种情况下，也可能需要举行正式的审理。

每一个审理都应以正式且友好的方式进行，以使各方感到他们的证据得到了认真考虑。在审理中，抗议委员会应彬彬有礼而又始终把控全局。

抗议委员会成员的着装应适合赛事及其场地。组织机构可能会给抗议委员会提供赛事服装。如果是这样的话，最好在审理时可以统一着装，给人留下抗议委员会团队合作的印象。

有许多种不同的房间配置，都很好。一些主席喜欢圆桌，参与者与抗议委员会成员可以围坐交换意见。

其他人认为在重要赛事上，主席应当坐在面向门的桌子的中间，仲裁委员会成员分坐在主席两边。各方则应坐在主席的对面。当证人作证时，他应坐在各方的中间。将可用的桌椅按照这种方式摆放。

审理时不允许吃东西和喝饮料。抗议室禁止饮酒和抽烟。所有移动电话和录音设备必须关闭。

主席应当在各方进来之前与抗议委员会其他成员一同回顾该案件，以使抗议委员会对所涉及的问题有一个大致的了解。

应向抗议的各方介绍抗议委员会的成员。若抗议委员会的任一成员存在利益冲突，应告知主席。根据规则63.4来确定利益冲突是否显著，以及存在利益冲突的成员是否可以列席于审理小组中。

若一方声称某一抗议委员会成员存在利益冲突，主席应当问明原因。仅就国籍而言不能定义为排除一名仲裁的依据。

若抗议委员会裁定确实存在利益冲突,并且其中冲突显著或至少一方以此为由拒绝该仲裁,那么,该仲裁将不能作为该审理的抗议委员会成员。若在审理期间,抗议委员会的一名成员认为他(她)可能存在利益冲突,则应将各方请出审理室,抗议委员会裁定此冲突是否显著。被排除出该审理小组的成员仍可作为证人。

抗议委员会成员应积极向各方提问,以确保其呈递了足够的证据,以便抗议委员会去认定裁决此抗议的必要事实。当各方互相提问或提问证人时,不要打断,在恰当的时候提问,要求澄清的情况除外。

对待青少年选手,要格外耐心且谨慎,以确保他们理解这些程序。年轻选手可能会害怕抗议委员会的审理方法。设法以友好的方式为他们安排房间。向他们解释如何做结案陈词。如有必要,为他们提供更加完整详细的裁决说明。

若出于某种原因,抗议委员会不再符合附录 N 的要求,则应在审理进行前告知各方其有权提出上诉。

K.2 翻译

请务必确保英语不流利的选手能理解所有陈述和程序。主席有必要不断地检查确认。这对于也需要在关心程序的主席来说可能有点困难。可能有必要让另一名抗议委员会的成员代替主席来关注个别人的需求。

若选手能够用英语说他的英文能力差,则请他在没有翻译的情况下开始审理。若他理解上仍有麻烦,则允许翻译出席。通常是教练担任翻译。主席必须确保教练不会给他的运动员带来不公平的优势。提醒教练,他(她)在那里是作为翻译而不是规则顾问。抗议委员会成员应放慢语速且吐字清晰，以帮助抗议一方理解其所说的内容。

主席应说明程序会允许各方在合适的时间提供证据，不要打断对方的陈述。只有在一方或抗议委员会成员没有听懂或没有听清楚时才能打断陈述。

K.3 出席的权利

抗议的各方在审理期间有权出席并向提供证据的任何人提问。

当一方缺席时，审理通常应在没有他的情况下正常进行，除非缺席是有特殊原因的。当一方希望出席，但发现审理时间不方便时，抗议委员会必须决定可以为该选手调整时间的程度。抗议委员会也必须为被抗议者留出准备审理的合理时间。在审理开始时，若一方要求更多的准备时间，抗议委员会必须决定能多给多长时间以及是否有这个必要。

当抗议声称违反第二、三或四章的规则时，每条船的代表在事件发生时应在船上，除非抗议委员会有充分的理由来执行其他规则 [规则 63.3（a）]。对于无线电遥控帆船，这条规则更改为船的代表需是操控他们的人。

定义：一方审理的一方是指：

    a. 对于抗议审理：抗议者，被抗议者。

    b. 对于要求补偿：提出补偿要求或被要求补偿的船；按规则 60.2（b）行动的竞赛委员会，按规则 60.4（b）行动的技术委员会。

    c. 对于依规则 62.1（a）提出的要求补偿：被指控有不当行为或疏忽的个人或机构。

    d. 被指控违反规则 69.1（a）的；根据规则 69.2（e）（1）提出指控的人。

    e. 根据规则 60.3（d）或 69 接受某一审理的后援人员；受该后援人员支持的船；根据规则 60.3（d）被指定去指控违规过程的人。

但抗议委员会从来都不能作为一方。

当抗议者和被抗议者都不能出席审理时,委员会应首先考虑张贴出的审理时间或地点是否有错。若抗议委员会确定各方已经被正确地通知到,则可在各方缺席的情况下进行审理。在大多数情况下,抗议者和被抗议者都没出席审理时,抗议委员会将驳回该抗议。但是,也可能依据抗议表上提供的证据采取措施。当这种情况发生时,若缺席的理由充分,抗议委员会应做好要求重新审理的准备。错过审理的充分理由可以是因为在事件中受伤而去就医。

注意规则 63.3(a)对于涉及选手分级的抗议审理有所更改,参见规章 22.5.3。

K.4 撤销抗议的权利

撤销抗议需经过抗议委员会的批准。选手不得仅根据提出的要求自动撤销抗议。抗议委员会应确定撤销的原因。如果涉嫌犯规、损坏或受伤,则不应给予批准。

K.5 合并审理一个以上抗议

当有彼此抗议的,或几个抗议都涉及同一事件时,它们应被合并审理。如果抗议委员会怀疑两个抗议都涉及同一事件时,最好假设它们确实如此并在两个抗议的各方都在场时一起开始审理。

有关同一投诉的多个补偿要求最好在一个审理中解决。当考虑有关一起事件的抗议有效性时,每个都应按照递交的顺序进行处理。抗议委员会应裁定是否每一个都是有效的,并且给出那些被判定无效的理由。只要至少有一个是有效的,审理就必须进行。

当有多个互抗时,若抗议有效,第一个递交有效抗议的选手为抗议者。抗议者首先提供证据,然后被抗议者提供证据,最后总结。

K.6 判罚一条抗议者和被抗议者之外的船

抗议的一方有权听取所有证据。如果开始呈现出有第三条船违反了某规则,抗议委员会应停止审理并根据规则 60.3(a)(2)抗议那条船。规则 61.1(c)要求尽快通知到那条船,应结束当前的审理,当各方在场时,再次开始审理,包括重新考虑其有效性。

K.7 旁听

在第一次仲裁委员会会议上,讨论审理是否应开放旁听。世界帆联政策是开放审理旁听的,但经常没有足够大的房间。

开放审理的好处是其能大大增强对审理制度的尊重。然而,若抗议委员会对有观众感到不适,则审理就不得允许旁听。为各方提供良好的服务比去教育、娱乐那些无关人员、为其留下好印象更为重要。同样,一方可能要求审理不被旁听。在说明理由后,抗议委员会可以考虑这样的要求。

旁听者可包括与正在审理的案件无关的人、俱乐部会员、其他选手、父母、教练和媒体。目睹了该事件并被召集来作证或可能被召集来作证的人不得旁听。

在审理过程中,旁听者应知晓他们要保持安静的义务。确保每个旁听者都不是证人。旁听者不得对任何审理进行录音或拍摄。写明旁听者角色和限制的旁听表应给到旁听者,并让他们签字。

取证后,当抗议委员会讨论案件并做出裁决时,旁听者必须离场。

K.8 审理程序：有效性

K.8.1 一般原则

抗议委员会必须在审理能够进行前根据规则61.1解决抗议的有效性问题。只是以抗议者的意见就确定抗议有效是不够的。如果对问题"你什么时候呼喊的抗议？"的回答是"立刻"，那么这可要求主席进行更深入的调查。

当被抗议船承认她知道她正在被抗议并且没有做解脱，抗议委员会可能会不那么严格地审查每项有效性要求。

当抗议有效时，审理就必须进行，除非一方在该事件中接受了惩罚，比如在审理前退出该轮竞赛。当抗议或补偿要求不符合有效性要求时，委员会需宣布其无效并结束审理。然而，若抗议是无效的，但该事件导致了严重损坏或受伤，抗议委员会可抗议任何一条或多条相关的船［规则60.3（a）(1)］。

当抗议似乎无效时，要给抗议船继续为其抗议有效性上的挫败提供更多证据的机会。如果在有效性问题上存在相互矛盾的证据，当抗议委员会裁定该抗议是否有效时要请各方和所有旁听人员离场。然后召回各方并宣布裁决。

K.8.2 及时接收书面抗议

航行细则可能会更改某条规则，也可能给出提交抗议的特殊程序。除非航行细则中规定了不同程序，否则按规则61.3的规定将抗议提交到竞赛办公室。然而，如果抗议被任何认为代表了竞赛委员会或抗议委员会的官员接收了，则应被视为已提交。若抗议表是在抗议时限之后提交的，官员也必须接收它，并在首页上清楚地注明接收的时间。官员不得因为过了抗议时限而拒收抗议。

若抗议提交晚了，规则61.3要求抗议委员会来裁定是否有在抗议时限后提交的合理理由。理由充分时，抗议委员会应延长时限并记录此举动。

K.8.3　明确被抗议者

抗议必须要明确被抗议者。几乎在所有案件中，会是帆号或船名。当识别有误时，可在审理开始前纠正。

K.8.4　事件的描述

抗议需明确事件。这是规则 61.2 中列举的抗议的五个要求中(b)项的要求，并且是其中唯一一个在提交抗议后不得更改的要求。当无法明确事件时，抗议将被视为无效。必须有足够的信息，被抗议者能从中明确事件并理解指控。规则 61.2 要求的其他细节可在审理前或审理期间更正。

K.8.5　抗议者代表

从技术层面上讲，抗议者是提出抗议的那条船，且船的代表通常是其船员之一。当抗议声称违反了第二、三或四章的某条规则时，船的代表在事件发生时需在船上，除非有充分的理由让抗议委员会按其他规则行事。

K.8.6　呼喊

世界帆联竞赛规则委员会尚未在《案例书》中处理的一个问题是规则 61.1(a)中的"合理"一词的解释，"……她应呼喊'Protest（抗议）'并在每一次最先出现的合理时机明显地展示一面红旗。"仲裁必须用自己的常识来解释该要求，但是呼喊不用花很长时间。

K.8.7　抗议旗

必须在事件发生后最先出现的合理时机明显地展示一面红旗，直到该船不再竞赛为止。使用的旗必须首先看起来像一面旗(世界帆联案例 72)。不要求小于 6 米的船展示抗议旗,除非航行细则或规则 87 允许的级别规则中另有规定。

K. 8. 8　非竞赛区域的抗议

在竞赛区域,当抗议者已经大声呼喊了"Protest(抗议)"并正确展示了抗议旗时,被抗议者已经被足分告知。根据规则 61.1,不再有其他要求。当抗议涉及在非竞赛区域的事件时,抗议者必须尽可能快地通知被抗议者她正在提出抗议。这可能是下一次他们在竞赛区域靠近时。若船在水上时没有彼此靠近,则应为上岸后尽可能快的合理时机。

K. 8. 9　涉及受伤或损坏的有效性

由抗议委员会根据规则 60.3(a)(1)提出的抗议,有效抗议的考量包括受伤或严重损坏的证据。抗议委员会只需要确定受伤或严重损坏是发生在事件期间,而无需确定受伤或损坏是如何发生的。抗议委员会必须确定这一点,并且可能要步行到停船区观察某船的损坏情况或去见受伤的选手以获取证据。若抗议委员会裁定抗议有效,但之后发现了其他情况,例如,损坏不严重或者选手没有受伤,那么抗议委员会就是审理了一个无效抗议。

K. 8. 10　决定有效性

决定抗议的有效性。如果证据显示抗议明显是有效的,主席可看一下抗议委员会其余成员,看看他们是否有人想要讨论任何问题。若看起来没有问题,主席可以简单地声明抗议委员会认为该抗议有效。若小组中有人想要讨论该问题,则要求各方在审议期间离开房间。

若抗议委员会裁定抗议不符合要求,则抗议无效,审理结束。根据规则,抗议委员会无权审理无效抗议。

K.9　审理程序：取证和认定事实

在抗议被认定为有效后，抗议委员会按照规则 M3.2 中所示顺序从各方和证人处取证。由于各方或证人都表达了自己对于事件的观点，仲裁应根据其描述分别勾勒出事件如何发生的场景。

有经验的仲裁心里会浮现出适用规则的清单以及这些规则何时适用。仲裁提出的问题应仅限于确定一条船是否违反了仲裁清单中的任何规则所需的问题。例如，若规则清单包括规则 11、12 和 15，仲裁将提出问题来确定相联是何时建立的，船相距多近以及在某船改变航线之前经历了多长时间。

K.10　审理程序：证人

规则 63.6 要求抗议委员会从各方及其证人处取证。抗议委员会主席对"我可以叫我的船员来作证吗？"这个问题的答案总是"可以"。然而，有能力的主席能够通过让证人就"在要点上作证"来管理证人。为了减少诱导性提问，总是让对方在传唤证人的一方之前先提问证人。

根据规则 63.6，目击该事件的抗议委员会成员应在各方都在场的情况下陈述事实并提供证据。若该成员知道某些相关但未被各方和证人的证词透露的内容，他应当主动在抗议委员会审议之前提供证据。必须注意不要在各方缺席的情况下引入任何来源的新证据。

当要证人被传唤作证时，抗议委员会成员或抗议委员会秘书应当负责引导证人，这样可避免在审理开始后对证人的任何教导。

规则附录 M 给出了案件处理、召集证人等的常规顺序。

附录 M 是建议性,并且就如其序言所述,建议的程序在需要时可以更改。

K.11　竞赛记忆对回忆证据的影响

人类的认知始于以先备知识为基础的预期,而不是基于所见所闻的感受。竞赛记忆好的人知道在事件发生时要注意哪些事情,并且能够回忆起事件的诸多细节,包括附近的船、船之间的位置和相对速度以及事件的顺序。同样,凭借良好的规则知识,证人将提供可能符合被认为适用的规则所要求的证据。不熟悉规则的人可能会错过认定事实所需的有关船之间位置的重要细节。

K.12　评估证据的注意事项

抗议委员会可以根据证据的类型和呈现方式来判断证据的可信度。自信地表达自己观点的证人通常比那些没那么有力和不太可信的人更有分量。抗议委员会应支持各方尽可能具体且详实地进行陈述。

你应意识到可能引导仲裁委员会做出错误结论的言语模式:

• 使用模糊措辞,如"有点儿""我认为""如果我没错的话""似乎是",在声明性陈述中使用上升语调,暗示发言者正在寻求该答案的认可,例如,有关问题"多快?"的回应是"5 节?";

• 重复表明局促不安;

• 加强词,如"非常近"而不是"近";

• 高度的直接引用,表明对权威的防备;以及

• 使用只表达感情而不含信息的形容词,如"迷人的""可爱的""有趣的"。

不要将自信的证人与准确的证人相混淆,因为他们的自信是基于更多的信息而不只是决定其准确性的信息。他们的自信可能与回忆的准确性毫不相关。

K.13 传闻证据

术语"传闻证据"是法律诉讼中提出的技术性法律用语。它指的是没有直接感受到的人提供的证据;他只是从另一方那里听到或收到的信息。例如,为了给他声称发生碰撞提供支持,抗议的一方可能会说:"约翰·史密斯,船首号 32,告诉我他看到了碰撞。"

传闻证据的形式多样。传闻证据可以以证人讲述别人告诉他的情况的形式呈现,或者以书面报告而作者并未被召集为证人的形式呈现,或者以录像和未经验证的轨迹信息的形式呈现,或者以审理时没有被召集来的某人的书面陈述的形式呈现。

传闻证据的缺点在于难以挑战或检查其有效性或可信度。因此,若未妥善处理,它可能会影响到审理的公平性。

规则 63.6 要求抗议委员会来从一方获取证据。一方有时候会发表声明或提供传闻证据的情况是很常见的,也就是说,声明的发表者不来现场作证。在这些情况下,抗议委员会有权认定该证据微不足道或无效,并应当告知提供该证据的一方它会考虑该证据的"适当权重"。

不同类型的传闻证据的权重也不尽相同。例如,绕标记录表类的传闻证据(记录信息的那个人没有被召集来)通常应被给予显著的权重。与之类似的,就信息的真实性而言,轨迹信息或照片或视频(没有召集证人来验证信息)可以被给予显著的权重。信息的可靠性和给予它的权重必须分开来考虑。技术委员会或级别协会的来信或邮件，其内容通常是在作者认知范围内的事实，应当被给予显著的权重，而不是决定性的权重。

另一方面，有关竞赛事件描述的传闻证据应被认定为微不足道或无效。

抗议委员会信赖的所有证据必须与各方分享。它也必须经得起各方和抗议委员会的质疑。必要时，抗议委员会必须重新召集或重新审理，以实现这一目标。

K.14　影像证据

照片和视频记录可以在审理时作为证据，且有时是很有用的。但是，也存在限制和问题，这些应得到抗议委员会的理解。

当使用影像证据时，以下要点可以帮助到仲裁委员会：

- 当向抗议委员会展示录像时，提供证据的一方应安排必要的设备，并确保操作员（最好是拍摄者）在场进行操作。
- 带来视频证据的一方应在审理前已观看过该段视频，并讲出他认为其会帮助到抗议委员会的理由。
- 通常最好在各方已经陈述了案件后观看视频。
- 首次观看视频时不要发表评论，第二遍观看时，提供证据的一方发表评论，再一遍是另一方发表评论。各方和抗议委员会成员可以以正常方式提问。
- 任何单反相机的景深都是很差的，对于长焦镜头而言，景深是不存在的。例如：当相机的视图垂直于两条相联的船的航线时，是不可能估算出她们之间的距离的。反之，当相机正对着船头或船尾时，不可能看到相联是何时建立的，甚至不能确认相联的存在，除非其是实质性的。请牢记这些限制。

- 以第一次观看来定向场景。相机与船的相对关系是怎样的？它们之间的角度和距离是多少？相机的平台正在移动吗？如果在移动,方向如何？速度多快？当船接近临界点时,角度改变了吗？（请注意相机的快速追拍会导致根本性的变化。）该相机的视域是否一直不受限制？如果不是,会在多大程度上减少证据的价值呢？全部定向可能需要多次观看视频,花些必要的时间。

- 由于播放和倒回一个典型事件仅需 30 秒的时间,因此根据需要多看几遍以提取其能提供的所有信息。此外,确保各方均有平等的机会来指出其认为剪辑视频所展示出来的以及未展示出来的内容。

- 将设备固定到位直至审理结束。在审议期间,应可以回顾视频以解决认定事实的相关问题（如果有的话）。此外,成员中的一人可能已注意到了其他成员没有注意到的细节。

- 不要期望太高。仅有少数情况,从一个巧合的相机角度,能够清楚地确定事件的核心事实。但是,即使其仅解决了一个争议点,那么仅此一点也有助于做出正确的裁决。

K.15　书面证据

不能参加审理的证人或一方的书面证据违反了证人的证词可以被另一方和抗议委员会成员盘问或质疑的原则。以成绩表、绕标记录表或级别解释的形式呈现的书面证据不在此限制范围内。

K.16　审理中轨迹信息的使用

本小节中使用到的术语和首字母缩写词如下:

2D 在二维空间内绘制的物体图像展示。对于帆船竞赛轨迹而言,其通常为竞赛航线的简单俯视图。

3D 在三维空间内绘制的物体图像展示,展示出了物体的长度、宽度和深度。对于帆船竞赛轨迹而言,3D图像可以使观看者从不同角度来观看竞赛。例如,观众可以从船后面的视角进行观看,或从甲板上船员的角度来官看竞赛。

GNSS 全球导航卫星系统(GNSS)使用轨道卫星向地球上的接收器发送信号。然后接收器以具体时间来将它们的定位换算为地理位置。伽利略(欧盟)、GLONASS(俄罗斯)和GPS(美国)都提供世界范围内的信号覆盖。

原始数据来自追踪器的位置数据,没有使用不同于更改文件格式的方法的通过轨迹软件进行任何数据处理的数据。

K.16.1 介绍

商业轨迹系统经常被用于帆船竞赛,以创造更多的宣传热点并推广赛事。赛事组织者与轨迹服务供应商签订合同,在参赛船和航线的标志上安装单独的追踪设备,以便观众观看比赛。捕获的轨迹信息以图像形式呈现,增强了轨迹信息展示的趣味性,使广大用户更易于理解。

上岸后,选手和教练将使用轨迹系统回顾比赛。若在水上发生了事件,轨迹信息可能会被作为抗议或要求补偿的证据。竞赛官有时会用轨迹信息来与终点记录表进行比对,以找到漏记的船。出于这些原因,仲裁需要了解轨迹系统的局限性,以知晓可以放心使用哪些信息。

K.16.2　轨迹系统的工作原理

虽然不同的轨迹服务供应商使用的核心技术基本相同,但是轨迹系统产品的最终呈现方式却不尽相同。每一家轨迹服务供应商都是使用 GNSS 接收器定期捕捉基本地理定位数据。追踪器捕捉到的每个定位的最小原始数据包括纬度、经度、时间节点和追踪器 ID。在 GNSS 接收器的接收范围内,地理定位更新最快到每秒 10 次。然而对于远洋竞赛来说,发布的定位会少一些,可能从每秒一个定位到每小时一个定位不等。

K.16.3　什么是位置准确度?

影响定位准确度的因素有很多。通常情况下,追踪器定位的绝对准确度为 2 到 8 米,时间的准确度为 95%,但也可能会更好或更差。竞赛官无法获得预测的准确度。同一制造商的两个接收器之间(两条船上同一型号、同一生产年份的追踪器之间)的相对准确度通常优于绝对准确度。

K.16.4　航线标志安装追踪器吗?

大多数时候,竞赛委员会会在航线的标上安装追踪器。但是,若标志上的追踪器丢失或停止工作,或竞赛航线由政府导航浮标界定,则标志定位将在轨迹程序中手动输入。在这每一种情况下,绕标的轨迹信息对于抗议委员会而言都是无用的。实际上,轨迹系统管理者会经常"调整"标志的位置,使其看上去像是船正在绕行航线上的标志。若是这样做了,那显示的信息就是不可靠的。

K. 16. 5 轨迹系统能显示出相联和碰撞吗?

选手有时候会在审理时提交轨迹信息,以展示标区内的碰撞或相联。几乎在所有情况下,轨迹系统的信息本身都是不能使人信服的。代表船的图表几乎从来都是不成比例的。你可以通过比较不同缩放比例下的船的图标的长度来验证这一点。在 2016 年奥运会上,激光级的船长超过了 20 米。船上追踪器安装的位置可能会产生误导。对于大帆船的赛事而言,追踪器通常固定在船尾护栏上。在那个位置,当舵手猛然转向左舷时,追踪器会移动到右舷。在小船赛事上,追踪器有时会放在船员救生衣的口袋内。若船员正在压舷而船迎风换舷了,那么追踪器会突然间横向移动而船并没有如此。

图像显示中出现的轨迹不总是基于准确位置定位。若源于追踪器的定位丢失或若软件认为其已"脱离位置",软件可能会估测出丢失点的定位并抹掉看上去已脱离位置的定位。这会导致图像显示中的预估轨迹不同于实际的行驶轨迹。

K. 16. 6 审理中的其他考量

选手有权提交他们认为相关的证据,并可能带来他们在轨迹系统中看到的事件的动画视频片段。选手会基于其派生信息进行演示,对仲裁而言,非常重要的一点是要分清真实信息与虚拟信息。即使在 3D 显示器中有呈现,船上也没有传感器可以探测到帆何时升起或降下的时间。追踪器不能传送出风的信息。当你在显示器中清楚地看到一条船越过正顶风时,能获得的所有"信息"为这是计算机生成的图像。

选手可以以从 GNSS 系统(如一条船自己的 GPS)或从赛事

轨迹系统服务商处获取的原始数据的形式提供证据。这样的信息没有 2D 和 3D 演示里派生信息那样的缺点，但仍应考虑系统的固有准确度。

由于增强的图像可能导致选手（和仲裁）得出错误的结论，因此抗议委员会可以采取一些措施来管理审理中的轨迹数据的呈现。

1. 在第一轮竞赛之前，仲裁委员会应就使用的轨迹系统进行讨论。回顾选手收到的有关在船上安装追踪器的口头或书面的细则。了解追踪器在船上的安装位置。

2. 查看选手是否能看到轨迹的应用程序。缩小和放大，观察比例，开始和停止竞赛演示，并了解如何通过移除船和标签来整理屏幕。你能移除的"东西"越多，你就越接近来自该船的真实数据。甚至（或特别是）3 倍船长的标区的描绘都会产生误导。设法从轨迹服务供应商处了解追踪装置的准确度以及是否对信息进行了平均（或修匀）处理。

3. 询问竞赛委员会是否会在竞赛委员会的船上安装追踪器以及其将位于何处。确定标志上是否有追踪器。

4. 一方有责任来提供展示轨迹数据的器材（参见 RRS M7，第一条）。

5. 审理期间，在展示轨迹片段前，先得到各方的口头证词。由各方就彼此的口头证词提问。确保抗议委员会了解到了口头证词中的事实。当轨迹数据以支持各方对事件描述的方式呈现时，其比较容易理解。

6. 若在审理期间没有提交轨迹数据，那就不要在抗议委员会审议期间查看轨迹数据。轨迹信息与证人的信息类似。若抗议委员会想查看"新的"轨迹信息，请召回各方并与他们一起查看。他们有权出席对所有证据的审议过程［规则 63.3（a）］。

K.17　诱导性提问

诱导性提问是寻求同意的陈述式提问，应当被主席制止。但是，当提问者发现在没有诱导性提问的情况下很难提出问题时，主席可能会决定允许一些引导性的问题，而不是打断提问者的提问思路。

直截了当的诱导性提问：

"你确实看到我行驶直线航线了，对不对？"，或者"当我正驶向那个标志时，我有半个船长的相联，你同意吗？'

假设：

假设性提问会引导证人认为假设是正确的。例如："*相联建立时，船是否已经到达了标区？*"这个问题假设了相联的情况。证人很可能认为假设的相联是存在的，或者将其作为已确定的事实记住了，在稍后的审理中被问及此事时就会这样回答。更好的提问是"*请说出当领先的船到达标区时两船间的相对位置*"。

包含错误假设的问题能够影响证人来证明与该假设相对应的、不存在的对象。

多项选择性问题：

不允许多项选择性问题，因为它们会影响回答。问题"*几倍船长？1、2 还是 3？*"与问题"*几倍船长，1、5 还是 10？*"比起来，会引导向一个较小的数字。更好的问法是"*几倍船长？*"

提问的措辞：

问题根据其选择的措辞可能会引导出不同的答案。问题

"相距多远？"与问题"相距多近？"比起来,会引导证人回答出一个较大的数字。更好的问法是"请描述出两船间的相对位置并估算她们之间的距离"。

动词的选择能够引导证人。问题"当蓝船'猛烈撞击'到黄船时,两条船当时的速度有多快？"会比使用动词"碰撞""撞击""接触"或者"碰到"的同样的句子营造出更高的速度评估。使用规则中的语言的更好问法是"当接触发生时船速是多少？"

有关使用了定冠词的物体或事件的存在性问题,使用了定冠词"这个 / 那个"的问题比起使用了不定冠词"一个 / 某个"的问题更能引导出"是的"的回答。"你听到了那个呼喊了吗？"暗示了已进行了呼喊,一方或证人很可能认为确实呼喊了,即使其是不存在的。更好的问法是"告诉我们你所听到的任何事情"。

K.18 审议

一旦进行完所有取证,抗议委员会就有责任认定事实并做出裁决。通常,整个小组私下里已达成了一致事实和结论。主席可以节省大量征求成员裁决意见的时间。若大家已达成相同的结论,那么就会非常快地写下事实和结论。在认定事实过程中,抗议委员会不会以同样的方式看待同一情况,这使得委员会能够迅速重新关注到差异处。该决策过程必须私下进行。

另一种处理的方法是由主席或最好是他的委托者,(通常被称为书记员)在审理期间写下他认为已发生的事实要点,如果情况明了,再写下结论和所适用的规则。这能够加快决策过程。书记员通常是一位经验丰富的国际仲裁。

若有成员不同意某要点或者认为遗漏了必要事实,那么就该点进行讨论以达成共识。若其没有包含在书记员的原始稿中,写上这些事实适用的相关规则并检查是否有遗漏。在做出最终决定之前,读出认定的事实和裁决,给予抗议委员会成员最后一次提出更改的机会。

当案例复杂且抗议委员会成员意见不一时,主席最好先询问每个抗议委员会成员的观点,然后解决差异点。

K.19　审理程序:认定事实

在几乎所有情况下,证据的质量决定了意见的差异。竞赛规则没有赋予一条船或另一条船举证的责任。左舷船不必证明她避让了右舷船。抗议委员会必须考虑所有证据,考虑谁是处于决定事件如何发生的最佳位置的,确定哪些证据更可信,然后认定事件的事实。

即使各方提交的证词截然不同,抗议委员会也有一个不可改变的责任,那就是确定裁决所要依据的"事实"。若其中一方说两船相距 1 米而另一方说相距 3 米,那么抗议委员会必须裁定哪方的观点更可信。不同的证词是很常见的,并不一定意味着某人在说谎。这可以反映出事件发生时或发生后的不同观点或感受。当审查完所有证据并确定了距离时,这个距离将成为做出裁定所要依据的"事实",即使该距离既不是 1 米也不是 3 米。

允许证人用帆船模型从他们的角度来展示事件的发生情况。不要替他们摆放风向,因为如果他们以一个不同角度看到了该事件,这样则会要求他们在心里将事件旋转到新的角度。并不是所有人都擅长这种心里的旋转,并且这会影响他们对事件的回忆。

分配给涉及抗议的船不同颜色的帆船模型,并在审理的所有演示中保持颜色一致。这有助于各方和仲裁理解事件的演示。如果一个演示中风是吹向演示者的,而另一个风是吹离演示者的,这将会特别有助于那些不擅长从不同角度观察事件的仲裁。将事件在心里进行空间旋转的能力与该人作为仲裁所需的能力无关。

确定某事是否为事实的一种方法是使用"家庭视频规则——如果在视频中能够看到该动作,那它就是事实。""A 船在距离一倍船长时改变了航线"是事实。"B 船想要迎风偏转"不是事实。"D 船在 C 船上风 0.5 米处"或者"两船相距超过 8 米"是事实。

仔细聆听证据,了解各方的身体语言,做好笔记,最重要的是确定事实。建议如下:

• 什么规则可能适用于该事件;

• 根据这些规则,船有哪些义务:避让或给予空间或绕标空间?

• 写出确定船是否履行了这些义务的事实。

K.20 解决争议性问题

当仅有一人没有达成一致意见时,应给予持不同意见者机会来陈述他的观点,并设法说服其他成员。只有在给了他说服其他人的机会之后,才能推翻他的意见。

尽量在抗议委员会中达成一致。通过返回到确定性的最后一点来确定最可能的场景,评估冲突证据的权重,并在必要时召回各方来获取任何缺失的信息或进一步澄清。一旦解决了抗议委员会成员间的任何意见分歧,请使用上一段中的程序。投票可能会起到作用,特别是在给予了合理的讨论时间之后仍存在不同观点时。

主席有决定票(即，当包括主席的票在内时任何方式的投票都出现平票时，主席再额外投一票)。当需要用决定票来裁定一个案件时，通常值得花更多的时间来讨论该案件。

K.21 抗议委员会成员的少数意见

对抗议委员会的裁决有不同程度的不同意见，可以采用不同的方式处理：

1级：通常，经过深入讨论后，不同意抗议委员会大多数人的成员会接受多数人的裁决。这仅应在抗议表上记录为多数裁决，不用写明少数仲裁是谁。

2级：如果少数仲裁强烈地认为他们不愿与此裁定有任何关联，他们有权在宣布裁决时声明自己为持有异议的仲裁，并将他们的名字记录在抗议表上。

不论个人对仲裁委员会的最终裁决有任何不同意见，仲裁都有义务维护此裁决。仲裁一定要避免在公开场合评论抗议委员会的裁决，无论其是否为仲裁委员会的成员。对仲裁委员会的裁决不满并非总是行为不端(或规章32中的"不当行为")，但是表达不满的方式、时间和地点将决定这是否为行为不端。

出于教育目的私底下与其他仲裁讨论(和批评)某一裁决，或根据规则66，出于全收抗议委员会重新考虑裁决的目的是没有错的。然而，任何与选手、教练或公众讨论抗议委员会内部意见分歧的行为几乎都是不恰当的行为，并会激起局势恶化并破坏与其他官员的关系。如果仲裁不愿自己与某一裁决有关联，那么正确的做法仅是行使在裁决中署名为持有异议的仲裁的权利，然后提出对已公布裁决的任何疑问。

如果持有异议的成员有所要求，主席必须在赛事报告中写明案件的细节。

K.22　使抗议委员会对举证"满意"的责任

对于抗议审理，举证的认定标准是"盖然性权衡"〔译者注：可参见案例122〕，除非规则规定了不同的举证认定标准。

有一条规则，即规则18.2(e)，允许抗议委员会在有合理质疑的情况下，假定一条船是否及时建立或打破了相联的事实。然而，抗议委员会一定不要只是依赖此规则；必须积极设法通过其他方式去解决疑问。抗议委员会应对各方和证人提问，以获取所有可用的证据来认定事实并了解事件的实际发生情况。然后，如果仍有疑问，可以使用规则18.2(e)来解决此抗议。

在做出裁决时，规则18.2(e)仅在抗议委员会存疑时才有意义。在这种情况下，该裁决可以使用这样的措辞"抗议委员会不认为A的船尾在B的船头到达标区之前与之建立了内侧相联，"并引用规则18.2(e)。当抗议委员会根据证据认为A的船尾没有建立相联时，可以使用这样的措辞"A的船尾没有建立内侧相联（等等），"裁决中不引用规则18.2(e)。

K.23　记录事实和裁决；规则14

当两条发生接触时，就已违反了规则。因此，抗议委员会必须根据规则63.6和64.1认定相关事实，做出裁决并判罚一条或多条船。

如果接触造成了损坏,抗议委员会必须裁定这些船是否履行了规则 14 规定的责任。在每个涉及接触的案件中,都违反了规则 14 以外的其他规则。然而,规则 14 具体规定了船之间要避免接触的义务。注意记录必要的事实,以明确权利船或避让船是否违反了规则 14,以及是否适用任何惩罚。

K.24 宣布裁决

抗议委员会将召回抗议的各方宣布裁决。可以包括旁听人员和媒体。主席或书记员将阅读认定的事实、裁决、适用的规则和施加的惩罚。必要时,翻译会为一方翻译该裁决。

裁决将会是驳回抗议、得出没有犯规的结论或者一条船违反了规则而被取消资格,除非其他惩罚适用。除以下情况外,将进行判罚:

• 一条船由于另一条违反规则而被迫犯规;

• 一条有航行权的船或有权要求空间或绕标空间的船违反了规则 14,但没有导致损坏;或者

• 规则 36,重新起航或重新竞赛的竞赛适用,根据这些规则的取消资格可能不会被去掉(DNE);

• 规则 2;

• 规则 30.4;

• 规则 42,P2.2 或 P2.3 适用时。

立刻通知计分员所有会影响计分的抗议委员会的裁决,并做好分数变化的相关记录。国际仲裁网上图书馆有一份计分员通知表。

当抗议的一方要求澄清裁决时,可立即给出,但此时不应

进行进一步讨论。之后与不满意一方的任何进一步讨论以及讨论的内容将取决于抗议委员会主席和成员的经验和信心。

允许与抗议委员会进行非正式讨论,并在宣布抗议裁决时留些时间进行讨论以回应不满,这样做通常能够缓解紧张的氛围。相反,拒绝任何进一步的讨论通常会增强这种不良感受。

或者,可以指定 2 名抗议委员会成员对裁决进行非正式解释。

K.25 竞赛委员会或技术委员会提出的抗议

竞赛委员会根据规则 60.2 或技术委员会根据规则 60.4 提出的抗议具有一定的有效性要求,抗议委员会必须在进行审理之前确保其符合这些要求。抗议委员会必须完全确认规则 60.2 (a)和 60.4 (a)中的例外都不适用。若有任何一个例外适用,则此抗议无效。规则 61.1 (b)要求通知到被抗议者。规则 61.2,抗议内容同样适用于由竞赛委员会或技术委员会提出的抗议。

当竞赛委员会或技术委员会抗议一条船但并没有任命抗议委员会时,组织机构或竞委会需任命一个抗议委员会来审理该抗议。

竞赛委员会或技术委员会的代表的行为方式与船和船之间普通的抗议相同。竞赛官或技术委员会代表提供证据、提问、回答问题、传召证人,并在抗议委员会做裁决时离场。

K.26 有关级别规则的抗议

有关级别规则的抗议可以由一条船根据规则 60.1 提出,

由竞赛委员会根据规则 60.2 提出,由抗议委员会根据规则 60.3 提出,或由技术委员会根据规则 60.4 提出。规则没有给予级别协会、国家管理机构或独立的丈量员抗议的权利。请注意,自 2017 起,赛事丈量员或器材丈量员被定义为技术委员会。

大多数丈量问题都是在赛前检查中发现的,并在技术委员会和船的负责人之间解决。但是,抗议委员会有时会被要求在竞赛开始前解决有关级别规则解释的争议。除此以外,级别规则的抗议通常源自技术委员会基于赛后器材检查而提出的抗议。

在几乎所有情况下,抗议委员会都能够使用规则 64.3 中概述的程序来裁决抗议。选手和赛事技术委员会提交有关丈量准确度和规则解释的证据。世界帆联帆船器材规则应解决有关丈量程序的问题。

在听取了所有可用证据之后,若抗议委员会认为对丈量规则的解释没有合理的怀疑,那么就必须裁决该案件。若抗议委员会仍对级别规则的解释存有疑问,那么规则 64.3(b)要求抗议委员会将问题和相关事实提交给负责解释规则的机构。这个机构通常是级别协会的技术委员会、世界帆联或国家管理机构。该机构不是赛事的技术委员会,即使赛事的技术委员会主席也是该级别技术委员会的主席。一旦抗议委员会提出问题,它就会收到丈量机构答复的约束。

K.26.1 基本规则

有关级别规则或系数的抗议通常是引起更多焦虑和负面情绪的原因,因为其推断的结果一般都是船主或负责人具备相关规则知识却明知故犯。丈量错误往往只是一个简单的错误，或者是对规则解释或适用的误解。有时候在命令允许的和明令禁止的之间存在不确定性，使得规则的解释出现了变化。丈量抗议的整个过程只依据几条基本规则。选手和所有竞赛官员都必须遵守这些规则。

规则 78 是最基本的。它要求每条船要具有适当的丈量证书，且船东要负责确保他的船符合其级别规则和证书。

规则 64.3 涉及了裁定根据规则 78 提出的抗议的程序。

K. 26. 2　级别规则

级别规则详细说明了一条船必须怎样丈量和／或分级。除了有关船的丈量细节外，它们通常还包括行政规定、船东的责任和竞赛时的禁止事项。

没有任何一套规则是完美的，级别规则也不例外。级别规则的不完善导致了大多数丈量问题。级别规则可能会存在漏洞，使得技能娴熟的船东或设计师在规则措辞范围内获利。然而，级别规则的撰写者经常会非常气愤那些从"他们的"规则中投机取巧的人，因而就会发生激烈且情绪化的讨论。

尽管规则和丈量程序看起来很复杂，但抗议委员会通常可以通过一些努力和知情的专家证人（通常是技术委员会或级别规则的管理者）的协助来理解它们。

一个级别会受到级别协会丈量和锦标赛规则的制约。但是，除非是通过抗议委员会，否则这些规则没有给予级别协会在赛事期间取消一条船的资格或施加其他判罚的权利。

K. 26. 3　航行细则

航行细则可以包括处理丈量问题的规定。其通常包括自赛前程序到丈量检查、再到惩罚的所有内容。

若竞赛组织者打算在丈量检查和加强规则执行方面发挥积极作用，那么在航行细则中写明所有的具体规则和程序是很重要的。这种提前规划将有助于减少后期可能出现的问题，并为抗议委员会明确自己在丈量问题上的权威和角色节约大量时间。

K. 26. 4　技术委员会的职责

根据规则 89.2(c)为赛事任命的执行器材检查和丈量的技术委员会是不属于竞赛委员会一部分的。没有如此任命的人在赛事中是没有官方地位的，但可以被称为专家证人。

在一轮竞赛或赛事之前，当技术委员会断定一条船不符合规则时，他可以建议船东／舵手改正不足之处。若不改正，技术委员会可以根据规则 60.4 对该船提出抗议。同样的原则适用于一轮竞赛后，技术委员会断定一条船不符合其级别规则的情况。

当一条船抗议另一条船违反级别规则时，她必须出具充足的证据来说服抗议委员会可能存在犯规。若她没有这样做，则抗议无效，因为她没有满足规则 61.2（b）中描述事件的要求。例如：指控一条船船体一定违规的抗议中，没有证据表明船体违反了级别规则，那么该抗议必须被判无效，因为这个抗议没有"描述事件"（也就是说，描述该船犯规的方式）。航行细则普遍要求任何拖船上岸和丈量产生的费用由"败诉"一方支付。

K. 26. 5　有关级别规则的抗议的接收

抗议委员会必须首先确定抗议是否有效；其必须符合规则 61 的要求。规则 61.2（d）要求抗议者指出其确信违反的规

则。一个仅声明了"该船没有丈量"或者"就她的系数而言
她的船速太快了"的抗议通常应被驳回,因为其不符合规则
61.2(d)的要求。

除非指控在描述违反的规则或涉嫌犯规的性质方面具有合
理的特定性,否则抗议委员会应认定该抗议无效。

K.26.6　抗议委员会在有关级别规则抗议中的职责

级别规则或丈量系数抗议的处理方式与其他抗议委员会提
出的任何抗议一样。规则 61 的通知要求、内容和时限适用,
且规则 63 规定的审理程序也适用。规则 63.6 要求抗议委员
会从各方取证,并获取其认为必要的其他证据。规则的预
期是抗议委员会能获取裁决该抗议所需的证据。在没有将
问题提交给有资格的管理机构的情况下,除非无法解释或适
用规则,否则必须对抗议做出裁决。

K.26.7　专家证人和证据

在某些情况下,抗议委员会无法在不召集一名或多名专家
证人的情况下解决有关级别规则的抗议。在抗议委员会中
有一名熟悉级别规则和程序的仲裁将很有助益。抗议委员
会主席应有级别专家证人的姓名和联系方式。该级别的技
术委员会也是很有帮助的。当没有利益冲突时,船只设计师
可以作为专家证人。请记住,证人就仅是证人而已,无论其
有多么专业。抗议委员会将做出最终裁决。

K.26.8　重新丈量

当有技术委员会且抗议指控的犯规情况较复杂时,抗议委
员会可能希望安排丈量检查,甚至是重新丈量。这是在其
权限范围内的,且是在履行其做出裁决所需"获取的其他证
据"的义务。

规则中没有任何一条赋予了一条船的船东要求重新丈量另一条船的绝对权力。做出安排或要求重新丈量的主体是抗议委员会或组织机构(若竞赛通知或航行细则中有相关规定)。败诉方应支付重新丈量和其他丈量费用,除非抗议委员会另有裁定。

只要上诉尚未被驳回(规则 70.5),根据丈量规则被取消资格的船可以继续参加后续比赛,无需对船进行修正。为此,该船需书面声明其有意上诉。如果她没有上诉或被判败诉,她将被取消所有轮次的成绩。

K.26.9　有资格的管理机构

如果在听取了 K.25.6 中所述的专家证人的可用意见后,抗议委员会对级别规则的含义仍有疑问,则规则 64.3 要求抗议委员会将问题提交至负责解释规则的管理机构。这也有可能是级别协会规定的级别命名者或丈量主席。

对于有关让分规则或系数系统的问题,它可能是签发该船所在水域的让分或系数证书的组织的技术主席。在做出裁决时,抗议委员会受到管理机构回复的制约。

在所有情况下,抗议委员会应当确保回答问题的人或委员会不存在利益冲突。

K.27　抗议委员会提出的抗议

由抗议委员会根据规则 60.3 提出的抗议与竞赛委员会提出的抗议有着相同的有效性要求。抗议委员会必须确保在进行审理之前符合有效性要求。

主席应当确保船的代表已知晓,尽管抗议委员会的一名或多名成员将提供证据,但抗议委员会是根据规则 60.3 启动审理的主体。我们建议抗议委员会成员在他们正常落座的位置(抗议室桌子周围或后面)展示其证据。

当抗议委员会做出裁决时,作为证人的抗议委员会成员需要离场吗?或者作为证人的成员需要与被抗议者一起离场,留下剩余的抗议委员会成员做出裁决吗?

这些要留下做出裁决的证人,一定不要在各方离场后提出任何新的证据。提供证据的委员会成员不是利益相关方。他们是独立主体的一部分,从裁决中既无获利也无损失。留下来作为抗议委员会整体的一部分,有助于展现抗议委员会独立主体的形象,有利于体现竞赛公平的整体性。通常,作为抗议委员会成员的证人将留在房间里,作为抗议委员会的成员,一同做出裁决。

若主席或抗议委员会成员或作为证人的成员感觉不适,证人将在抗议委员会开始做裁决审议时离场。请注意,让抗议委员会证人离场而留下其他成员作裁决的情况往往会将抗议委员会成员体现为想要抗议某条船的独立个体,且能从其成功的抗议中获取个人利益。当抗议委员会所有成员都目睹到了该事件时,让抗议委员会证人离场的做法会变得令人尴尬。

然而,如果抗议委员会确信被抗议者真实且强烈地认为一名或两名抗议委员会证人留下来是不公平的,那么抗议委员会证人在裁决时应离场。规则 N1.5 规定,抗议委员会只要剩有 3 名成员且至少 2 名是国际仲裁时,其仍为正常建制。

K.28　兴奋剂

只有获得国家管理机构或世界帆联的书面许可才能进行药物检测。

选手不能抗议涉嫌规则 5 的犯规；有关药物滥用的审理只能是在选手拒绝检测或未通过药物检测后才能发起。

由于样本检测需要数周时间，当世界帆联规章 21 适用时，处罚的过程将不属于抗议委员会的权限范围。规则 63.1 不适用。

K.29 补偿

一条船一轮竞赛或系列赛的成绩或排名因非自身失误而明显变差时，在符合规则 62.1 的情况下可以给予补偿。不能在不经审理的情况下给予补偿（规则 63.1）。

K.29.1 谁会要求补偿？

a. 一条船［规则 60.1（b）］

根据《帆船竞赛规则》，其术语中规定一条"船"是指一条帆船及船上的船员。

通常，船都是为自己要求补偿；但是，这不是规则的要求。一条船或其船员可以为另一条船要求补偿。规则 64.2 要求抗议委员会将所有受影响的船包括在补偿裁决中，无论其是否要求补偿。

b. 竞赛委员会［规则 60.2（b）］

竞赛委员会可以为其认为有权获得补偿的一条船要求补偿。通常是为了纠正其可能影响到了的某条船或某些船的错误。

例如，竞赛委员会意识到它错误地召回了某条船，且该船从航线一侧返回并重新起航。它可能会要求审理，给予那条船补偿。

c. 抗议委员会［规则 60.3（b）］

抗议委员会可以基于从任何渠道获取的报告或信息召

集审理,包括无效的抗议或补偿要求,或从任何一方,无论其是否为利益方。

例如,抗议审理期间,抗议委员会可能会意识到,或收到报告,发现一条船可能有权获得补偿。抗议委员会可以召集审理来考虑给予那条船补偿。

若抗议委员会裁定一条船根据规则 62 有权获得补偿,那么无论其是否提出了补偿要求,抗议委员会也可以将给予补偿作为抗议审理裁决的一部分(规则 64.2)。

    d. 技术委员会［规则 60.4（b）］

技术委员会可以为其认为可能有权获得补偿的一条船要求补偿。通常是为了纠正其可能影响到了的某条船或某些船的错误。

K.29.2　补偿审理的各方

审理的一方的定义包括要求补偿的一条船,或由竞赛委员会根据规则 60.2（b）由技术委员会根据规则 60.4（b）提出的要求补偿,或是抗议委员会基于规则 60.3（b）的考虑。在这些情况下,考虑给予补偿的所有船都有权出席审理。

根据规则 62.1（a）的补偿要求中,竞赛委员会、技术委员会或组织机构可以作为审理的一方。

在裁定要给予补偿并考虑要给予什么样的补偿之后,抗议委员会可能会发现,为了达成一个公平的裁决,其他船也有权要求补偿并且应给予其补偿。如果“公平的裁决”需要更多的调查,并且如果那些船之前没有被通知到审理或出席,那么审理可以延期,在通知到有权要求补偿的所有船只后开始新的审理。由于补偿审理的各方都必须被通知到审理的时间和地点,必须在官方公告栏上张贴适当的通知。在这种情况下,最好能通过电话、邮件或 SMS 通知各方,特别是在已经过了张贴抗议通知的时间的情况下。审理必须重新开始,因为出席审理的新的各方有权听取所有证据。

确保审理室足够大可容纳所有各方,其中可能包括各船的一名代表。

K.29.3 审理

要求补偿的审理分为 4 个部分:

i. 有效性;

ii. 符合规则;

iii. 事件;

iv. 给予补偿。

首先考虑有效性,如果要求无效,则应通知审理各方并结束审理。

如果有效,那么审理应继续进行,考虑该要求是否符合规则62.1。如果该要求不符合规则,则应在这时通知各方并结束审理。

如果要求符合规则,那么抗议委员会审议该事件并考虑该船是否有权要求补偿。如果没有的话,通知各方认定的事实,不给予补偿,审理结束。

如果抗议委员会决定给予补偿,那么就要决定什么样的补偿是适当的。一旦决定了,应通知各方裁决结果,审理结束。

K.29.4 有效性

在考虑补偿要求的审理时,抗议委员会必须首先解决要求有效性的问题。

要求必须采用书面形式,并对事件进行描述,包括其发生的时间和日期。遗漏的细节可在审理前〔规则 61.2(a)〕,或在审理前或审理中［规则 61.2（c）,（d）和（e）］增补。如果事件的时间和地点发生变化,给予被抗议者合理的时间去准备审理。

不要求展示抗议旗,且要求补偿的船也没有通知竞赛委员会的义务。对抗赛和现场判罚的群发赛,如执行附件 Q 的奖牌轮,会有不同的要求。

一条船不能抗议组织机构、竞赛委员会、抗议委员会和技术委员会;任何这样的抗议应作为补偿要求被接收,前提是其符合规则 61.2 的要求,只要它们是相关的。

根据规则 62.2 要求,补偿要求必须不晚于抗议时限或在事件后两小时内提交到竞赛办公室,以后到的时间为准。事件发生的时间需要由抗议委员会决定,这取决于每个具体案件的具体情况。如果事件发生在竞赛航线上,抗议时限会正常适用。在计分错误或一条船被计为 OCS 或类似情况,事件发生的时间通常会是张贴成绩的时间,但是若成绩没有在合理时间内张贴,事件发生的时间甚至可能被视为更晚。若成绩只公布在互联网上,该事件发生的时间则会是一方看到成绩的第一合理时机。

由竞赛委员会、技术委员会、抗议委员会提出的补偿要求必须在抗议时限内或接到相关信息后两小时内提交(规则 62.2)。

若在抗议时限外接收到补偿要求,如果理由充分的话,抗议委员会必须延长时限。关于是否有"充分理由"来延长时限的决定必须由抗议委员会做出,通常会是在该船意识到补偿情况时的第一合理时机。

K. 29. 5　符合规则

当补偿要求被接收为有效时,抗议委员会必须就此裁定该要求是否符合规则 62 的要求,即该船的成绩(无论是在一轮竞赛中还是系列赛中)因非自身失误而由以下原因明显变差:

a. 由于赛事的竞赛委员会、抗议委员会、组织机构或技术委员会的不当行为或疏忽,但不是由于当船作为审理一方时由抗议委员会做出的裁决;

b. 由于另外一条船违反规则第二章或一条应避让的不参加竞赛的船舶的行为而造成的损伤或有形损坏;

c. 根据规则 1.1 向别人(对自己或自己的船员除外);或

d. 一条船或其船员的行为导致根据规则 2 被判罚或根据规则 69.2 (h)被判罚或警告。

抗议委员会应从要求补偿的那一方代表及其证人(如果有的话)、其他各方及其证人,以及抗议委员会可能决定要召集的任何证人处取证。

在这一部分审理结束时,应做出裁决,并通知要求补偿的一方是否同意了其要求,然后就给予什么样的补偿继续取证,若确实存在,将给予补偿。

K. 29. 6　**得分或名次**

规则 62.1 规定,补偿的要求"应建立在如下要求和可能的基础上,即一船因非自身失误,在一轮比赛或系列赛中的得分或名次已经或有可能明显变差"。

如果竞赛委员会成绩出错,并且由于纠正了这个错误,一条船的成绩比之前张贴的差很多,那么更正后的成绩不会比该船本应根据规则的计分更差。这不是竞赛委员会的不当行为,因为规则要求其根据所有船到达终点的名次来计分。

K. 29. 7　明显地

一条船在一轮比赛或系列赛中的得分或名次必须明显地变差。术语"明显地"一词是主观的,由抗议委员会基于每个案件的情况来决定。要求补偿的一方有责任提供该船的成绩已经"明显地"变差的证据。

示例:

如果这个成绩决定着系列赛的结果,那么得分或排名的一分之差也可能是明显的。然而,如果由于被记为 25 分而使得分或排名更差,也就是说一条船在系列赛中的排名是 37 而不是 36,那么这可能就并不明显。但是,如果一条船在一轮本可以获胜的竞赛中得到了额外的 25 分,那么这可能就是明显的了,因为其可能错过了得奖的机会。

K. 29. 8　非自身失误

若想要有权要求补偿,一条船在一轮竞赛或系列赛中的得分或名次的明显变差必须是因非自身失误而造成的。这就意味着如果一条船要对自身的成绩变差负全部或部分责任,不论责任有多少,她都无权要求补偿。

示例:

- 如果起航信号晚发了 5 秒发出,有两条船被记为 OCS,一条船比延迟的起航信号提前了 15 秒,而另一条船提前了 2 秒,那么只有第二条船有权要求补偿,因为第一条船仍旧抢航了,这是因为其自身行为造成的,与竞赛委员会延迟发出起航信号的不当行为无关。
- 竞赛委员会按照计划时间发出了一轮竞赛的起航,但一名选手离开码头晚了并错过了起航。这是选手的失误而不是竞赛委员会的失误。

· 起航标流标不会使船免于按照起航定义的要求来起航。

K.29.9　不当行为或疏忽

不当行为是做了竞赛规则、竞赛通知或航行细则不允许的事情。疏忽是没有去做规则(包括竞赛通知和航行细则)要求做的事情。如果竞赛官、抗议委员会、技术委员会做了或没做其有权自行决定或非强制性的事情，即使这可能是完全不合适的，是极度糟糕或极差的判断，那么这也既不是不当行为，也不是疏忽，不能作为要求补偿的依据。

示例：

如果竞赛委员会在航行细则只描述了航线 1 和航线 2 的情况下发出了航线 3 的信号，那么这就是不当行为，因为航行细则中并没有航线 3。然而，若竞赛委员会发出航线 2 的信号，随后第一条船未能在时限内完成航线且该航线也没有缩短，那么这不是不当行为或疏忽。该航线是航行细则允许的，且缩短航线也不是强制性的；这是一个竞赛委员会判断不良的案例，而非不当行为或疏忽。

若竞赛委员会张贴了"给选手的建议"，但之后没有按照建议行动，那么其不能作为要求补偿的依据，因为此文件不是规则，也不是竞赛通知或航行细则的构成部分。

K.29.10　有形损坏和损伤

有形损坏或损伤必须是由一条违反规则第二章的船或应避让的不参加竞赛的船舶的行为造成的。

有形损坏是指船的部分或整体价值减少或性能降低。参考世界帆联案例 19。

下述不是有形损坏：

- 翻船；

- 索具或安全护栏缠绞；

- 名次的损失；

- 人员落水。

损伤是指任何要求医疗或使船员失去功能的伤害。就本规则而言，轻微割伤或擦伤不被视为损伤。

K. 29.11　提供帮助

一条船根据规则 1.1 向别人（对自己或自己的船员除外）提供帮助，可能有权要求补偿。此外，当一条船处于危险中，给予帮助的另一条船也有权要求补偿，即使她没有被要求帮助或者之后发现没有危险。［规则 62.1（c）和世界帆联案例 20］

K. 29.12　被判罚的行为

一条船的成绩由于根据规则 2 被判罚的另一条船或根据规则 69.1（b）被纪律处分的另一条船的行为而导致成绩明显变差，其可以作为要求补偿的依据。［规则 62.1（d）］

K. 29.13　给予补偿

当抗议委员会认为补偿符合要求时，它必须做出尽可能公平的安排；当符合要求时，它无权裁定不做安排。由于"补偿"在字典里的定义是"再次校正"，并且根据这条规则的补偿是基于一条船的成绩已经变差，能够给予唯一的补偿就是要再次纠正这条船或这些船的成绩。规则 64.2 规定这可以是调整船的成绩（参见规则 A10 的示例）或者到达终点的时间、放弃该轮竞赛、保持成绩不变或做出其他安排。在这种情况下，其他安排的参考仅指调整船的得分的其他安排。

若在审理期间发现其符合规则 62 的要求时,则通常向各方询问他们认为合适的补偿。尽管抗议委员会没有义务考虑这些意见,但它往往能起到启发作用。

当只有一条船,或者很少几条船要求补偿并且其要求被认为是符合规则 62 的要求时,最公平的裁决很少会是放弃此轮竞赛。放弃竞赛应是最后的选择。如果最公平的安排是放弃此轮竞赛,抗议委员会必须首先从适当的来源取证,其中可能包括所有参加竞赛的船。

为了履行规则 64.2 规定的义务,抗议委员会要从其他没有涉及此补偿要求的船那里取证,这将很有助益并具有启发性,且往往是一项要求。

当裁定什么补偿最能履行抗议委员会的义务时,"尽可能为所有受到影响的船做出公平的安排",请参考附录 A10 中的成绩调整。

绕标位置和船只计时可能会有所帮助。有时候,最公平的安排是什么也不做。

K.29.14 给予不同类型补偿的指导原则

平均分:通常用于一条船出于某种原因无法完成竞赛而有权要求补偿的情况。其只适用于参加系列赛的船,该系列赛至少有五轮竞赛,并且为了公平起见,被给予的平均分的竞赛轮次要至少超过该系列赛竞赛轮次的 20%,但绝不超过其 50%。通常,除了那些或正在考虑给予补偿的轮次外的所有轮次都将用于计算平均分,但是,在比较长的系列赛中,可以考虑去掉一轮最差成绩后再取平均分。在重大赛事中,也可考虑从平均分计算中扣除最后一轮或系列赛的最后一天的成绩。通过这种方式,选手可以了解所有进入到决赛或最后一天竞赛的船的确切进度成绩，以便他们调整战术。

如果系列赛的大多数轮次已经完成，可基于在其有问题的那轮竞赛之前完成的所有轮次的分数计算出平均分。

事件发生时船所在的位置：可基于事件发生时，船在那轮竞赛中的位置来给予分数。这种方法很少用于事件发生在该轮竞赛早期的情况，除非该轮竞赛中船的位置已经明显确定，否则不得使用这种方法。

到达终点时间：如果一条船在事件中损失的时间可以合理确定，那么船的分数可以通过给予其等同于本该到达终点的位置来调证，前提是损失的时间已从其竞赛总用时中扣除。

其他安排：如果使用上述安排不能公平地调整一条船的分数，则可以采用一些其他的补偿方法。例如，在两种船型的混合群发赛中，给予一条船的分数等同于另一条与她船型相同的船的分数将被视为公平的。

放弃：只有在无法为所有受到影响的船做出公平的安排时，放弃才应作为最后的选择。这一点是非常重要的，原因是放弃一轮竞赛会对那些靠自己努力而获胜或完赛的船是不公平的。

资格赛和系列赛决赛：当系列赛包含了资格赛和决赛时，很重要的一点是，任何给予的补偿都应基于与事件发生时的系列赛部分的相关成绩。

请记住，规则 64.2 规定抗议委员会应尽可能对所有受影响的船做出合理公平的安排。

K. 29. 15 赛前的补偿要求

有关规则76,船或选手的禁赛的任何补偿要求,应在一轮竞赛或系列赛开始前的第一合理时机进行审理。

但是,在大多数其他情况下,由于没有船的成绩在此时变得更差,任何此类的要求都将是无效的。任何此类要求只涉及组织机构或竞赛委员会涉嫌的不当行为或疏忽,因为所有其他要求补偿的依据都是与水上事件相关的。由于组织机构或竞赛委员会在这个阶段采取的唯一其他行动是发布竞赛通知和航行细则,要求补偿的理由只能是基于这些文件可能不完整、相互矛盾或不符合规则。因此,这些补偿要求更像是要求组织机构澄清或解释其文件。在这样的情况下,组织机构经常向抗议委员会或仲裁委员会征询意见;但是他们不一定会遵照这个建议。

如果组织机构要求抗议委员会 / 仲裁委员会就这些要求进行审理,并且他们同意受到抗议委员会 / 仲裁委员会裁决的约束,那么就没有理由不这样做。只要抗议委员会 / 仲裁委员会的裁决符合规则,选手就不能反对或抗议这一程序,因为组织机构是为该轮竞赛或系列赛设定参数和条件的最终机构。

K. 29. 16 有关竞赛委员会涉嫌将一条船错误记分为 OCS、ZFP、UFD 或 BFD 的补偿要求

船有时根据规则62.1(a)提出补偿要求,对竞赛委员会决定给予她们的 OCS、ZFP、UFD 或 BFD 记分进行质疑。

对于想要被给予补偿的船而言,她必须说服抗议委员会竞赛委员会犯了错误。视频证据可能有所帮助,但其通常不是决定性的。要求使用视频证据的船有责任来提供视频及

观看它的设备。在小型摄像机屏幕上回放该视频通常是不能被接受的。如果没有反对的压倒性证据,抗议委员会应维护竞赛委员会的决定,因为瞄准起航线的人是在现场的专业人员,抗议委员会不应在没有令人信服的证据的情况下,用自己的裁决取代竞赛委员会的判断。

起航线上计分不同的两条船之相对位置的证据不是其正确起航的确凿证据。

K. 29. 17　附件 Q（奖牌轮）

在执行附件 Q 的竞赛中,一条船要求补偿的权利发生了变化。竞赛官员和抗议委员会应从世界帆联网站下载最新版的附件 Q。

K. 29. 18　附录 B（帆板竞赛规则）

抗议委员会需要使用附录 B7,其修改了适用于帆板竞赛的抗议和补偿规则。

K. 29. 19　附录 F（风筝帆板竞赛规则）

抗议委员会需要使用附录 F5,其修改了适用于风筝板竞赛的抗议和补偿规则。

K.30　涉及后援人员的

介绍

从历史上看,竞赛规则的重点一直放在船和选手身上。涉及以后援船（主要是教练）形式参加赛事的个人行为的规则将重点放了一条船接受了不公平的外部援助或限制后援船的航行细则上。赛事组织者和竞赛官员已经经历过对教练员和后援人员的规则在执行过程上并没有很好地方法去约束他们的现实。

从《2017—2020 帆船竞赛规则》起,后援人员被定义为:

> 满足以下条件的任何人:
>
> a)提供,或可以为选手提供有形或咨询支持,包括教练、陪练、管理人员、后勤人员、医务人员、护理人员,或其他与选手一起工作、治疗或协助选手做比赛准备工作的人员,或者
>
> b)是选手的父母者或者监护人。

此外,抗议委员会可以召集审理,来考虑后援人员是否已经违反了规则。当抗议委员会认定后援人员已犯规时,其在警告或判罚后援人员方面拥有广泛的自由裁量权。在适当的情况下,如果符合规则 64.4(b)的要求,该船可能也会被判罚。

当抗议委员会收到涉嫌后援人员可能行为不端的报告后,它也可以决定是否根据规则 69,品行不端,来召集审理。在这种情况下,遵循规则 69 的程序是非常重要的。这些程序及其额外的建议包含在 N 章中。

后援人员的犯规情况

根据《2017—2020 帆船竞赛规则》,规则 60.3(d)允许抗议委员会召集审理,以考虑后援人员是否已经违反规则。

规则 61 和 62 规定了抗议或补偿的要求和内容,但规则没有说明规则 60.3(d)提出对后援人员审理的要求。常识告诉我们,指控必须以书面形式提交并对事件进行描述,包括事件发生的时间和地点,以及其认为被违反的规则。必须通知到后援人员其已涉嫌犯规,且通知必须及时。因此,要遵守与正常抗议相同的的及时性过程。可以通过抗议和补偿安排审理。

第五章 B 节中有关进行审理的一些规则仅适用于抗议或

补偿,但是大多数规则都是通用的,适用于任何审理。当进行根据规则 60.3(d)召集的审理时,明智的抗议委员会将在其适用范围内遵守第五章 B 节中有关审理的规则。没有充分的理由去简化或增加正常的审理程序。

后援人员的判罚,规则 64.4(a)

当抗议委员会在审理中认定后援人员已经犯规时,规则 64.4(a)允许抗议委员会对这名后援人员采取行动。它可以发出警告,这是在过去大多数情况下的惯例。更加严重的犯规将导致更加严重的措施,如将该后援人员驱逐出赛事或场地,或取消任何特权或获益。这种驱逐可能是有限的时间,如一天,或延期至赛事结束。还要考虑是否将该后援人员驱逐出场地内外的社交活动中。进一步决定该后援人员是否被允许在赛事结束后返回到场馆收拾装备。在收回后援人员的注册证之前,确定其是否可以获得已经付费的膳食及进入运动员村睡觉。抗议委员会也可采取规则规定权限范围内的其他措施。

因后援人员犯规而判罚一条船,规则 64.4(b)

注意:世界帆联意识到有关后援人员的规则将有益于澄清一些问题,但以现有的形式应用这些规则还存在一些不确定性。可能会在 2018 年 1 月的帆船竞赛规则修订版中做出微小变更。但是,世界帆联认为遵循本手册所规定的指导原则能确保与帆船竞赛规则保持一致,因为是当前的版本,能够确保程序一致。

新规则 64.4(b)允许抗议委员会因后援人员犯规而判罚一名选手。如果符合规则 64.4(b)(1)或(2)的条件,则可以判罚选手或船是否违反了规则。因此,明智的做法是考虑该船是否也违反了规则,或者抗议委员会是否认为对该船的判罚具有合理的可能性。

根据规则 60.3（d）关于后援人员的审理不是抗议审理，因为抗议被定义为为某条船违反规则的指控。当抗议委员会召集审理来考虑后援人员是否已违反了规则时，抗议委员会也可以抗议与后援人员相关的那条船。如果可能的话，在抗议中涉嫌违反的规则与后援人员涉嫌违反的规则是同一条。如果后援人员涉嫌违反的规则不是一条船会违反的规则，那么抗议委员会可使用关联的规则。例如，如果后援人员违反了航行细则中的教练艇限制，以此可能帮助到了他（她）的选手，那么对这条船的抗议可以引用规则 41。

因为抗议和规则 60.3（d）的措施出自同一事件，因此可以合并审理。后援人员是定义一方（e）条中的一方，船是定义一方（a）条中的一方。

抗议该船以及召集有关后援人员审理的好处是，其允许根据规则 64.4（b）被判罚的那条船出席定理的全部取证据过程。然而，对于根据规则 60.3（d）召集的一些审理，通过抗议的那条船将相关联的选手带入该审理可能是不合适的，除非抗议委员会认为对该船的判罚具有合理的可能性。

在某些情况下，抗议委员会可能会决定判罚与后援人员相关的那条船，特别是当该船从后援人员的犯规中获得了竞赛优势时。抗议委员会应使用规则 64.4（b）而不是 64.1 对一条船进行判罚。这意味着该船的判罚可能是轻于取消资格。当某条船的后援人员反复犯规时，只要是抗议委员会之前已经警告过该选手，规则 64.4（b）（2）也允许抗议委员会判罚该船。警告选手的好处是提醒选手他们会因后援人员犯规而被判罚。但是，警告不是强制性的，并且必须考虑后援人员行为的具体情况。

具有前瞻性思维的抗议委员会可能希望最初的裁决包括下面这样的声明：

简·斯迈斯在竞赛时进入了航线区域，并且已经根据规则64.4（a）(1)被警告，其违反了航行细则22.4。根据规则64.4（b）(2)，帆号为 GBR 99704 的选手加文·皮克林被给予警告，即其可能因后援人员的进一步犯规而被判罚。

世界帆联国际仲裁支委员会鼓励国际仲裁在赛事报告中提供任何有关后援人员审理的信息，以帮助完善新规则。

K.31 重新审理的要求

审理的任何一方都可以要求重新审理。如果补偿要求来自竞赛委员会、技术委员会，或抗议委员会根据规则60.3（b）的考虑，根据一方的定义，这是要求补偿的一条船或为该船要求补偿。其他所有船是"受到影响"的船，但不能作为一方。

规则66的第一句中的"可（may）"意味着抗议委员会没有绝对的义务去重新审理。当符合规则66的两个条件之一时，抗议委员会应重新审理。第一个是抗议委员会认为自己可能有明显错误时。第二个是在合理的时间内又获得了实质性的新证据时。

也就是说，为了让败诉的一方重申已经考虑过的论点或证词而重新审理是不符合赛事的最佳利益的。在这种情况下，重审会对抗议委员会和其他所涉各方造成不合理的负担。

能够导致重新审理的抗议委员会错误包括不当的程序或规则的误用。抗议委员会可能会认为关键的结论不受事实支持。更常见的情况是由于规则解释错误而重新审理。

对于要考虑新证据而重新开始的审理来说，证据必须是新的且重要的。规则 M4 和世界帆联案例 115 提供了规则 66 中使用的"新的"一词的解释。这个案例规定的标准如下：

下列证据就是"新的"：

· 如果要求重审的一方有了在原审理前不可能发现的证据；

· 如果抗议委员会认为在原审理前要求重新审理的一方努力地寻找了该证据但没有成功获取；或

· 如果抗议委员会从任何途径获知该证据在原先审理的时候不可用。

重要证据是指与所考虑的具体事项有直接且实质性的关联，其既不是累积证据，也不是多余证据。累积证据是与现有证据具有相同特征的其他证据，并且其支持在之前审理中确定的事实，特别是那些不需要进一步支持的事实。重要证据一定是与裁决相关的，并且能引向一个合理的可能性，即纵观所有的证据，该案件的结果将发生改变。

如规则 63.2 所述，审理的一方有义务按照规则准备审理，寻找证人、审理前收集证据、若需要要求延迟。如果已知证人或其他证据是存在的，但无法在审理时及时获得，则一方有责任要求额外的时间。书记员将记录下任何此类要求。例如，在审理结束后出现了一个新的证人，这种情况很少被视为"新证据"，除非一方在原审理前或期间已使抗议委员会了解到该证人的存在，或者除非此证人及其证词不为当事人所知。当一方没有寻找证人或没有要求抗议委员会延迟，那么之后任何听取"新"证人证词的重新审理的要求都很难被批准。

然而，如果一方出席了审理并要求延迟或延长时间来寻找证人，那么之后重新审理的要求可能会符合规则 66 的规定，抗议委员会极有可能会重新审理。

声称自己为新证据的照片和影像证据可以并且应该通过一些或全部成员审查，以确定其为新的、重要的证据，而非累积证据。主席通常会指派二或三名成员去查看证据并向抗议委员会报告反馈。如果证据是恰当且切题的，或者存有疑问，成员会将证据提交给整个抗议委员会。

抗议委员会也可以自行了解重要的新证据，并决定是否重新审理。如果要考虑任何新的证据，各方根据规则 63.3 有权出席（出席的权利）。此外，根据规则 63.6，各方有权对任何新的证据提问。

如果一方要求重新审理，抗议委员会必须裁定重新审理的要求是否有效。要求重新审理是有时间限制的。根据规则 66，一方在收到抗议审理的裁决后，最多有 24 小时的时间来要求重新审理。在最后一个竞赛日，时限会更短些。

如果要求及时，基于提出要求一方所给出的理由，抗议委员会必须裁定自己是否已经或可能犯了明显的错误，或者是否有重要的新证据。要求一方所做的初始陈述应限于重新审理的原因，而不是任何新的证据。规则对这个问题没有具体规定，但是若各方有时间，最好在最初的认定事实期间就出席。

如果抗议委员会认为有足够的理由重新审理,那么它必须通知各方其决定。当审理将重新开始时,抗议委员会必须提供与抗议审理要求相同的通知。此外,如有可能,重新审理的抗议委员会的大多数成员应是原抗议委员会成员。

在重新审理时,第五章的程序性的规则适用,特别是规则63.6。抗议委员会需从出席审理的每一方及其证人处取证,以及获取其认为必要其他证据。各方也可以提问。抗议委员会按照与其他任何审理相同的方式进行。

如果抗议委员会自行裁定自己可能已经犯了重大错误,它可以在没有任何新证据的情况下修改其裁决而无需各方出席。抗议委员会没有重新考虑其裁决的时间限制。

当抗议委员会更改其裁决时,根据规则65.1需通知到各方。这可以通过张贴更改后的裁决,或将裁决的复印件交至审理各方来完成。

一直都是由抗议委员会来决定是否批准重新审理的。以上抗议委员会可能批准重新审理的情况的示例只是一个指南,且只能当作指南使用。

当抗议委员会已经在一方未出席的情况下裁决了一个抗议,但之后发现一方的缺席是不可避免的,那么抗议委员会可以根据规则63.3(b)重新审理。那个审理会重新开始,重新听取之前提交的所有证据。

如果国家管理机构对某一上诉的裁决是根据规则71.2或R5重新审理,则重新开始审理各方带来的证据和证人,以及抗议委员会认为有必要的任何其他证据。

重新审理时,规则66建议,如有可能的话,抗议委员会大多数成员应是原抗议委员会的成员。

L 仲裁调解

L.1 介绍

仲裁调解是解决涉及第二章的一条或多条规则或规则 31 的两船之间水上抗议事件的简单程序。该流程有两个组成部分。第一部分中，抗议者和被抗议者在抗议审理前与调解仲裁见面，通常是一位经验丰富的仲裁。每一方的选手描述事件在水上的发生情况，之后调解仲裁会就抗议有效性提出意见，并就是否有犯规，哪条船违反了规则提出意见。第二部分涉及赛后惩罚，选手可选择在该事件的抗议审理之前接受赛后惩罚。然后该流程允许抗议者撤销该抗议。若非如此，根据规则 63.1，该抗议将进入抗议委员会审理程序。

一些竞赛官员认为我们应当使用术语－调停，因为调解仲裁听起来总是对各方有约束力。尽管此争议仍很胶着，不能确定该流程是调停还是仲裁调解。调停和仲裁调解之间存在相似之处，即都需要知识渊博、公正的第三方——程序上的差异更为根本。

在调停当中，协调者通过平等交换的过程帮助争议各方达成双方都可接受的解决方案。在调停中，该决议是由各方协商确定的。

在仲裁调解中，协调者听取双方证词并对适用的有关规则和判罚提出意见。仲裁调解中，解决方案是由规则决定，各方要么接受，要么拒绝，这是其在我们这个项目中的运行方式。

航海运动中已使用了不同的调停和仲裁调解方法。帆船竞赛规则现在包括了附录 T，由知识渊博、公正的第三方对事件给出相关意见，以及赛后惩罚方法。

附录 T 建议的仲裁调解可能不适用于所有赛事，因为它要求一个额外的知识渊博的人来担任调解仲裁。这名做调解的仲裁应对附录 T、第二章的规则、规则 31 以及它们的适用条件有通透理解。

如果调解仲裁是抗议委员会或仲裁委员会成员，此抗议进入审理程序时他可以参与到其所在的仲裁小组中，除非一方反对。由强有力的抗议委员会来进行审理是很重要的，例如，有 5 名仲裁的国际仲裁委员会或至少有三名仲裁的抗议委员会。调解仲裁作为小组成员在审理时出席会有助于使在审理中提交的信息与仲裁调解时提交的信息保持一致。

L.2　判罚

帆船竞赛规则附录 T 的引用必须在竞赛通知或航行细则中说明。

仲裁调解和赛后判罚方法只有在赛后判罚轻于船在随后的抗议审理中被取消竞赛资格时才会起作用。该惩罚与一条船按照规则 64.1(b) 在水上本该接受的判罚具有同等地位。仲裁调解的判罚应比该船在事件发生时在水上接受的判罚更重，但要明显轻于 DNF。

附录 T 中的判罚是 DNF 成绩的 30%，保留整数（4 舍 5 入）。然而，组织机构可能想更改该判罚，在航行细则中更改附录 T1（b），更改百分比比率或规定一个赛后判罚的分数。更严重的判罚经常导致选手拒绝接受，而是转而寻求机会在抗议室里逃避 DSQ。请注意：从数学的角度来看，竞赛中船到达终点的名次越差,她接受赛后惩罚的优势越小。不太严重的判罚会削弱选手本该在水上立刻接受的惩罚。一条船的计分不得差于 DNF。与其他分数惩罚一样,该轮竞赛中其他船到达终点的顺序不变。因此,两条船可能会平分。根据附录 T,赛后判罚在适当时可用于任何一条船。如果一条船导致受伤或严重损坏或从犯规中明显获益,就不能给予她除了退出竞赛以外的惩罚。参见规则 T1(a)和44.1(b)。

例如:

(a) 即使没有抗议,一条船可能也会受到赛后惩罚,且不用参加仲裁调解会议。

(b) 当一条船返回岸上后意识到她违反了第二章的一条或多条规则或规则 31 时,她可以接受赛后惩罚而不用退出(RET)。

(c) 抗议者不能拒绝被抗议者接受较轻的惩罚从而拒绝参加仲裁调解。被抗议者可在仲裁调解中或仲裁调解外接受判罚。

L.3　仲裁调解的基本原则

调解仲裁的职责是要给出与抗议委员会决定相似的意见。尽管该程序是非正式的,并且船只不受调解仲裁意见的约束,但规则第五章 A 节(抗议和补偿)和第五章 B 节(审理和裁决)中的所有保障措施仍然存在。无论调解仲裁的意见是否被接受,抗议仍旧保留的话,就必须由抗议委员会进行审理。参见规则 63.1(审理的要求)。只有当抗议者要求撤销抗议时,调解仲裁才能代表抗议委员会采取行动来允许撤销。

仲裁调解是在提交书面抗议之后进行的,但要先于抗议审理进行。在一个安静的地方举行仲裁调解会议,远离其他选手和旁听人员。如果双方同意,可以允许实习仲裁旁听该程序。除此之外,不允许任何人旁听。仲裁调解期间的证词不应被任何潜在的证人听到。只允许调解仲裁、抗议者和被抗议者出席。不允许证人参加。如果一方认为该案件需要证人,则此抗议要进入抗议审理程序。

仲裁调解适用于以下情况:

- 该事件只涉及两条船。涉及三条或更多船的抗议通常过于复杂,调解仲裁无法在 15 分钟内处理。
- 该事件仅限于第二章的规则或规则 31。如果明确其他规则适用或可能涉及其他船,则应结束仲裁调解会议,并将该抗议转交至抗议委员会。
- 规则 44.1(b)不适用。

调解仲裁在召开仲裁调解会议时了解到抗议者可能不会要求撤销该抗议,那么仍可以由抗议委员会审理。在撤销抗议之前,调解仲裁永远不要就规则的解释进行讨论或回答有关结论的任何问题。

调解仲裁的任务是就抗议若进入抗议审理程序后可能出现的结果提出意见。

第一步是要就抗议有效性提出意见。这包括抗议委员会认定抗议无效的可能性。例如,如果抗议表和抗议者证词清楚地表明抗议者没有遵守规则 61.1(a),调解仲裁将告知各方抗议委员会很可能会认定该抗议无效。此时抗议者可能会要求撤销抗议,或继续提交至抗议委员会进行审理。任一情况下,仲裁调解结束。

如果该抗议在抗议者初次陈述后明显有效或明显无效,那

么调解仲裁就很容易给出有效性的意见。然而,更常见的是抗议既不明显有效也不明显无效的情况。在这种情况下,要考虑:

- 在仲裁调解期间确定有效性的任务不是详尽的调查。不能召集任何证人,且大量提问不太可能解决有效性问题。
- 预期的程序不存在风险,因为任何一方都不受调解仲裁裁定的约束。
- 抗议者声称做出了呼喊并展示了抗议旗旗,而被抗议者声称没有听到呼喊并且没有看到抗议旗,这并不意味着有一方没有说实话。

当调解仲裁有疑问时,该抗议就不适合仲裁调解了,应由抗议委员会进行审理。

如果调解仲裁认为抗议有效,则第二步就会发生。然后,调解仲裁应询问事件是否造成任何损坏或受伤。如果规则44.1(b)可能适用,那么规则 T1(a)和规则 T2 不允许该船接受赛后惩罚。在这种情况下,不再进行仲裁调解会议,如果正在进行,则应该结束。

如果调解仲裁认为该抗议有效,且规则 44.1(b)不适用,那么调解仲裁会继续仲裁调解。在这一步当中,调解仲裁让各方轮流使用模型船演示,以从中取证。调解仲裁可进行任何有必要的提问,但要严格控制对话。

调解仲裁就抗议委员会可能做出的裁决提出以下意见之一:

A. 抗议无效。

B. 一条船或两条船都违反了一条或多条规则。调解仲裁对被迫犯规的船使用免责的原则。

C. 没有船会因为犯规而被判罚。

D. 抗议不适合仲裁调解。该抗议可能太过复杂,在没有证人的情况很难裁决,它可能涉及不适合仲裁调解的规则,或者赛后惩罚不适用。之后,该抗议进入审理环节,除非抗议者要求撤销抗议且调解仲裁允许其撤销。

调解仲裁给出其意见的较好表达方法为"如果进入抗议审理,抗议委员会将很可能裁定……"

整个程序应当不超过 10 到 15 分钟。如果调解仲裁在这个时间内无法提出意见,那么该问题对于仲裁调解而言可能太过复杂,应结束仲裁调解会议。随后将该抗议提交至抗议委员会进行审理。

如果采取了任何适当的判罚,调解仲裁则会询问抗议者是否要撤销抗议。根据规则 T4(b),调解仲裁员可代表抗议委员会根据规则 63.1 允许其撤销。然而,抗议者没有被要求撤销抗议的义务。

如果该抗议没有被撤销,则必须由抗议委员会进行审理。有时候抗议者可能会拒绝撤销抗议,原因是他期待被抗议者在抗议审理中再被判 DSQ。调解仲裁员应解释,如果一条船接受了适当的判罚,则规则 64.1(b)适用。除非能证明赛后惩罚是不恰当的〔通常根据规则 44.1(b)〕,否则接受判罚的那条船不会再受到进一步判罚。

一旦抗议被撤销,调解仲裁可与参审各方就案件的任何方面进行讨论。如果时间允许的话,成功的仲裁调解通常伴有大量的可能性场景的讨论。如果时间有限,调解仲裁员可稍后另安排时间与选手会面。

仲裁调解期间提供的证词仍需保密,且调解仲裁在审理前不得与抗议委员会讨论仲裁调解的任何情况。召集仲裁调解的仲裁不得在接下来的抗议审理期间担任证人,因为该调解仲裁之前获得的证词不是第一手的。如果接下来根据规则 69 进行抗议审理，为指明一方在审理中说谎，可召集该调解仲裁作证。

L.4　程序

当抗议提交到抗议接待处时，仲裁或抗议委员会秘书接收抗议，登记上时间并请抗议者在旁等待。仲裁或调解仲裁在收到抗议时对其进行审查，以决定此抗议是否适合仲裁调解。他们还会核查赛后惩罚表。在大型赛事中，最好安排一名以上调解仲裁员，以使得此程序运行顺畅。如果该抗议适合仲裁调解，则要求抗议者去找到另一条船的代表，并且安排仲裁调解会议尽快召开。当被抗议者到场后，在仲裁调解会议开始前给予其一份抗议表复印件。

仲裁调解的自愿性使得规则 63.3（b)在一方缺席的情况下进行不适用。如果其中一方没有出席仲裁调解会议，则不可进行仲裁调解，该抗议应被安排审理。调解仲裁应有竞赛通知、航行细则、其所有更改、现行规则书、计时器和船只模型可用。当一条船接受了赛后惩罚时，可以将其记录在事先打印好的表格上或原始抗议表的背面，并由其代表签字。抗议表的背面也有一个勾选框，供抗议者撤销抗议。

调解仲裁可因充分的理由而接受在仲裁调解开始前的撤销抗议请求。然而，如果仲裁调解已开始且调解仲裁裁定抗议者违反了规则，则不允许抗议者在接受惩罚前撤销抗议。调解仲裁的意见和仲裁调解中抗议各方的决定不得作为上诉的依据。如果该抗议被撤销，则没有抗议，也无上诉依据。

L.5　调解仲裁

进行抗议调解的仲裁应具有丰富的经验，对规则了然于心。

调解仲裁必须快速思考并做出决定,且能得到选手的尊重。思维缜密的优秀仲裁可能不会是调解仲裁的最佳人选,其通常会在裁决无法通过仲裁调解快速解决的复杂抗议时更具价值。如果另一名仲裁想要了解仲裁调解程序,只要双方同意,允许其作为旁听出席仲裁调解会议。

L.6　总结

随着新的附录 T 的增加,选手现在可以很容易地理解抗议的仲裁调解,并且提高了世界各地仲裁应用的一致性。

M 损坏和受伤

M.1 介绍

这些重要词汇与许多规则一起使用。然而尽管它们很重要,却几乎没有案例法规来指导抗议委员会对其的适用。

- 损坏
  - 规则 14 (b)对没有造成损坏或受伤的权利船或有权要空间或绕标空间的船免责。
  - 规则 64.3 当超过级别规则可接受的偏差是由损坏导致却没有提高该船的性能时,不得判罚该船。
- 受伤或严重损坏
  - 第二章的序言和规则 44.1,因为违反第二章的规则接受惩罚。
- 受伤或有形损坏
  - 规则 62.1 (b)给予补偿。
- 受伤或严重损坏
  - 规则 60.3 (a)(1)由抗议委员会提出的抗议。

M.2 损坏

对于什么构成损坏没有确切的定义;然而,世界帆联案例 19 提供了 2 个例子,供仲裁提问以确定损坏。

- 整条船或该船的某部分的现行市场价值是否降低了?
- 该船部件或其装备的功能是否受到了影响?

M.3 严重损坏

这是不可能定义的,但是抗议委员会应当询问:

- 船只性能或船员表现是否严重受损?

- 船是否能够完成该轮竞赛？
- 在系列赛继续之前,谨慎的选手会先修复损坏吗？
- 该船的市场价值是否明显降低了？

M.4　有形损坏

有形损坏的示例如下：
- 对船或船员的真正损坏

非有形损坏的示例如下：
- 翻船但没有损坏,导致了名次的损失
- 索具或护栏缠绕

M.5　严重受伤

严重受伤的示例可能是需要医疗关注的受伤,而不是轻微的急救就能解决,但不一定是要住院治疗。

M.6　取证时的其他考量

有关损坏程度的证词往往无法得到其他证据的证实或支持。尽管手机摄像功能使事情更容易了,但在裁决抗议或补偿要求之前,周密的抗议委员会会派出两名或多名成员去检查损坏情况。

N　规则 2 和规则 69

N.1　规则 2 公平航行

规则 2 是 5 个航行基本规则之一。《案例书》对考量什么
行为违反了此规则、体育道德和公平竞赛的基本原则给予
了指导。一条船、抗议委员会、技术委员会或竞赛委员会均
可以根据此条规则提出抗议。

一条船只有在被清晰地确定违反了此规则时才会被判罚。
判罚是取消资格或不能从系列赛成绩中去掉的取消资格
（DNE）。

抗议委员会可以因违反规则 2 取消一条船的资格，即使抗
议中并没有提及此条规则（规则 64.1 的第二句）。规则 2
没有规则 69 那样的程序性和正式的保障措施。当抗议委
员会考虑到选手的行为也可能违反了规则 2 时，应当向选
手解释他有潜在的违反体育道德行为，并给予该船机会在
做出裁决前做出解释。

案例 138 建议，被视为行为不端却不直接影响竞赛的行为
应根据规则 69 采取措施。

N.2　规则 69 的审理

我们推荐读者阅读《2017 年世界帆联行为不端指南》。其
基于《2017—2020 世界帆联帆船竞赛规则》，为所有竞赛官
员，特别是仲裁和抗议委员会。提供了完整的参考。

http://www. sailing. org/tools/documents/2017WorldSailin
gMisconductGuidance-[22804]. pdf

规则 69 的审理是独立的，不同于其他审理，主要表现在以

下 4 个主要方面：

- 根据规则 69 采取的措施不是抗议；
- 根据规则 69 采取的措施是针对选手、船东或后援人员的，而不是针对船的；
- 根据规则 69 采取的措施只可以由抗议委员会发起；
- 在收到报告后，抗议委员会可自行决定是否进行审理。

抗议委员会可自行或在收到任何人（包括未参与赛事的人）的口头或书面报告后，发起规则 69 的审理。

注意：主要的国际赛事（由世界帆联规章 35 定义的）对于规则 69 的程序不尽相同。由于本手册不涉及这些程序，如果涉及其中的某一个赛事中有的行为不端的问题，请务必参考此规章。

N.2.1　当抗议委员会应根据规则 69 采取措施启动审理时

世界各地选手之间的道德行为标准差异很大，国际或国家级仲裁对个体进行道德行为教育的责任。根据 69.1（a），"选手"、船东和后援人员不得品行不端，即哪些不文明礼貌、破坏体育精神的举止或不道德的行为，或给体育运动抹黑的行为。

这些行为通过两条规则来解决。规则 2 要求一条船、其船东和船员需按照公认的体育道德和公平竞赛的原则进行比赛。规则 69 禁止品行不端，并描述了选手、船东或后援人员出现品行不端行为时，抗议委员会应采用的程序。

对于这项运动的健康发展而言，必须对明知故犯的选手、船东或后援人员进行严厉的惩罚。如果选手为了自身获益故意犯规，或故意犯规的行为导致了受伤，或选手在审理中作弊、说谎，或做出了任何给这项体育抹黑的行为，抗议委员会应根据规则 69 采取措施。如果后援人员的行为可能影响到竞赛公平或严重影响到他人享受这项运动，抗议委员会也应根据规则 69 采取措施。

N.2.2　谁会受规则 69 审理的约束

规则 69 使用了术语，选手、船东和后援人员；这意味着任何船东、任何船员和任何后援人员。

后援人员受这些规则的约束，因为选手代表其后援人员同意要接受规则的约束（规则 3.2）。此外，为其子女报名参赛的父母或监护人也因此同意接受规则的约束［规则 3.1(b)］。

父母或其他后援人员可能会反对规则 69 的审理，理由是选手无权约束后援人员遵守规则，并且他(她)不知道提供后援会制约那个人。

解决这个问题的方法是向后援人员指出，如果是这样，该选手就违反了规则 3.2，并且必须被取消资格。规则 64.4(b)中取消单一轮次资格的限制不适用于选手违反规则 3.2 的情况。在大多数情况下，会使后援人员接受他(她)是受到约束的。

重要的是，抗议委员会把这一点视为初步问题，并且基于认定的事实来判断后援人员是否受这些规则的约束。如果抗议委员会确信后援人员确实要受到约束（例如本身就了解规则的教练的案例，包括规则 3.1 和 3.2 的规定），则应进行规则 69 的审理。如果抗议委员会认为后援人员不受这些规则的约束，那么就不能针对他们，而必须转而考虑该选手是否遵守了规则 3.2。

N.2.3　品行不端的时间和地点

品行不端的行为必须与赛事相关。因此，通常自赛事开始之前的一段时间起,从选手出于比赛目的到达场馆开始,并可能延伸出他们离开场馆的时间。这样一来,抗议委员会无权召开规则 69 的审理来解决选手涉嫌在赛事开始之前的品行不端的行为,除非该品行不端与赛事有关。例如,在赛事之前,选手可能被威胁要在比赛中做某事,或做些什么来阻止另一名选手参赛,诸如故意损坏另一选手的船。这样的行为即使是发生在赛前,也与赛事密切相关,这个人可以被视为"选手"。

品行不端的行为发生的地点无关紧要。例如,选手在与赛事场馆无关的公共场所参与了打架斗殴,给这项体育运动抹黑了,因为公众会把选手与该赛事联系到一起。他或她可能会成为规则 69 审理的主体。如果打架斗殴是发生在选手与该赛事无关的某个人之间,无论是私底下还是公开场合下,若公众不知道该选手正在参赛,那么抗议委员会可能会认为根据规则 69 的审理是不恰当的。

N.2.4 抗议委员会的准备工作

在抗议委员会召开规则 69 的审理前,它应先自己做好准备。抗议委员会将设法清楚地了解规则 69 的含义以及要遵循的程序。

开始仔细阅读规则 69,讨论规则的含义及潜在的犯规行为。

再次阅读规则 M5,并确保你了解所要遵循的程序。想一想审理期间可能会发生什么,以及你的答案是什么。在抗议委员会内部计划程序,在成员间委派任务,一个人主持审理,另一个人是书记员。

如果审理涉及青少年,请尽可能安排父母、监护人或教练作为证人出席。另请参见 D 章(仲裁和青少年选手)。

N.2.5 任命调查员 [规则 69.2(c)和(d)]

当抗议委员会没有足够的信息来裁定是否要召集审理时,他们可能会任命一名调查员。调查员的目的是确保抗议委员会的独立性,并且他们的判断不受调查期间获取的任何信息的影响。

如有可能,调查员应熟知规则 69 的程序。他可以是抗议委员会的一名成员,或者是另一名竞赛官员,或者是组织机构的成员。但是,无论该调查员是否为抗议委员会的成员之一,都被禁止参与抗议委员会有关本案件的进一步裁决。

调查员要保留他(她)获取的所有证据的书面记录,这一点非常重要。规则 69.2(d)涉及公开调查员收集的信息,这是任何后续程序公正性的一个基本因素。公正性和规则 69.2(d)规定,调查员必须向抗议委员会公开其收集的全部信息,不管是有利的还是不利的,并且如果召集审理,须向各方公开。调查员可由抗议委员会根据规则 69.2(e)(2)任命,并出席审理提出指控。

N.2.6 书面通知

准备好书面的指控声明,将其交给被指控违反规则 69 的人。指控要尽可能地详尽,并包括审理的时间和地点 [规则 69.2(a)]。

如果抗议委员会在抗议审理期间了解到了品行不端的证据,规则 69 不能用于那个审理。抗议委员会必须在该审理结束后准备书面指控,并立即将该声明交至选手。即使选手同意立刻进行审理,也要等待一下。必须给予选手合理时间去准备辩护。安排规则 69 的审理要为选手留出足够的时间来核查指控、寻找证人,并找到一名在审理期间能够提供支持的人。通常是将审理安排在第二天。

根据规则 69.2 的规定,书面通知应说明所要指控的品行不端的具体行为。如果没有说明品行不端是什么,只是说某人因为不礼貌而致使品行不端是不充分的。品行不端的描述应具体化。

通知应详尽。例如,写明"在裁决公布之后,该选手大声声明该裁决是错误的",并称抗议委员会成员为"白痴"及"他们没有证据支持他们做的决定"。只是写"选手说抗议委员会的裁决是错误的"是不够的。

当涉及粗话时,通知应直接引用或清楚地描述。例如,"使用表示性交的粗俗语言"。不要仅说选手使用了"侮辱性的语言"而不引用或解释该语言。

测试通知的好办法是冷静的局外人是否能够理解该通知,并同意所指控的行为是品行不端。

通知还应声明时间、地点和其他相关人员的身份,如果知道的话。

最好是将品行不端的行为具体化,以免选手产生误解。请记住,除了通知中指控的内容外,在审理结束时发现的事情不能认定为品行不端。如果审理时的证据与通知中的指控存在重大差异,则审理应被延期举行,以进一步给出书面的指控声明和准备的时间。另一种方法是通知选手或其他人可能就某一发现做出额外的品行不端的裁决,并询问他(她)是否需要更多的时间准备和收集这方面的证据。记录下这一步已完成。该记录应为规则 69.2 (j)规定的报告的一部分。

N.2.7 规则 69 审理发起理由的示例

只有当手头有证据表明确实有品行不端的行为发生时才能

发起规则 69 的审理。发起审理也应符合这项运动的利益。例如,如果有较轻的、更为合适的干预形式,青少年选手的品行不端的审理就不太合理。然而,在大多数情况下,应明显符合以下检验标准:

- 不礼貌:行为是否礼貌很大程度上取决于其他人,如选手、官员或公众是否被该行所冒犯。在一种情况下可能被接受的行为在另一种情况下可能是不被接受的。电视上粗俗语言的普遍使用使得一些年轻人很难意识到这种语言对他人是有攻击性的。第一语言不是赛事所在地语言的人也可能不太理解其特定术语的冒犯性。这是一个难以一致判断的区域。对于咒骂,每个人给予表达方式的不同可能会有不同的理解。

- 违反体育道德:这包括作弊(通过违反规则 2 来获益、在审理时说谎等)。这一点与抗议不同,抗议的审理是假设犯规不是故意为之的;在判定某一行为是否违反了体育道德时,个人的意图或态度(如果是鲁莽的)是非常重要的。

如果抗议委员会已获取了证据,案例 138 列出了适用于按照规则 69 采取措施的情况示例。其中包括:

- 在审理时说谎;
- 故意违反规则,意图通过不公平而获益;
- 威胁行为或身体接触;
- 伪造丈量文件;
- 不遵守竞赛官的合理要求;
- 故意损坏另一条船;
- 侮辱组委会官员;
- 偷窃;
- 醉酒冒犯行为;

• 斗殴。

N.2.8　审理

审理期间应严格遵循程序。对于正确程序的任何疑问都应得到解决，以支持对选手最公平的做法。

在规则 69 的审理时，保持正式气氛并确保选手有充分机会回应指控尤为重要。保留好诉讼的书面记录也很重要。审理必须根据规则 63.2、63.3、63.4 和 63.6 进行。

抗议委员会应考虑对审理进行电子录音。如果之后就审理时发生的事情或提供证据产生争议时，这样的录音往往非常有用。如果世界帆联或成员国管理机构根据规章 35，或在 CAS 程序前提出进一步诉讼，录音则尤为重要。如果要录音，应事先通知选手、船东或后援人员以及证人诉讼程序正在被录音。在之后是否听审录音完全由抗议委员会自行决定：各方无权索取副本。只有是上诉或进一步诉讼的需求，一方才有权索要录音副本。在这种情况下，一方必须首先同意该录音仅用于此目的，并对其保密。提供录音的另一种方法是通过商业供货商订购录音的副本。

品行不端的行为可能是违反了规则、举止不礼貌、违背了体育道德或给本项体育运动抹黑的行为。规则 69.2（g）要求抗议委员会认定"完全满意"并内心牢记被控行为的严重性，无论选手是否违反了规则 69.1（a）。下列举证标准的解释基于世界帆联案例 122。

审理中定义并使用的两个证据标准如下：

• "盖然性权衡"也被称为"优势证据法则"。在此证据标准下，证据的评估必须基于特定事实发生的可能性是否大于不发生的可能性。会有一些证据是支持指控的，而另一些证据是相互矛盾的。裁决要基于大多数证据。这是抗议委员会审议抗议或补偿要求时使用的工作标准。

- "完全满意"要比"盖然性权衡"严格。在规则 69 的审理中，抗议委员会在根据规则 69.2（h）或 69.2（i），警告或判罚某一位选手或船之前，必须对以下两个问题回答"是"：

- 所裁定的事实说明确实发生了所述的犯规，委员会对这一结论是否能做到完全满意？

- 所发生的行为构成了严重品行不端，委员会对这一结论是否能完全满意？

抗议委员会必须完全满意的要求并不意味着所有人都需要如此满意。如果他们中的大多数能如此满意就足够了。

经世界帆联同意后，国家规定可以改变证据标准。

"完全满意"是体育仲裁法庭（CAS）及兴奋剂案件使用的标准。

N.2.9　减轻和加重情节

一旦抗议委员会裁定某人有品行不端的行为，他们将考虑是否给予判罚。在此过程中，抗议委员会还应考虑，与类似的品行不端的典型相比，是否存在可以减轻判罚的减轻情节及可以加重判罚的加重情节。

要考虑到选手的懊悔是针对品行不端的，还是针对要接受惩罚的。考虑与似乎是冲动或无意识的事件有关的任何真诚的和自愿的道歉。

N.2.10　诉讼

过去，选手威胁过抗议委员会，如威胁要起诉委员会成员诽谤或中伤。诽谤的词典定义是"以永久性形式发布诽谤性内容，如书面或永久性声明、图片等"。

确保适当的、涵盖其工作范畴的保险政策是竞赛官员的个人责任(无论是通过组织机构、成员国管理机构或者其他)。世界帆联不为世界帆联竞赛官员提供保险。

在一些国家,抗议委员会成员为民事诉讼程序所产生的费用投保可能是合适的。尽管选手的诉讼可能会失败,但辩护成本可能相当高。

根据规则3,每名选手、船东和后援人员都同意遵守比赛规则,并接受惩罚或采取的其他措施,受到上诉和审查程序的制约。尽管如此,一些国家的法院表示,它们拥有比竞赛规则更大的权力来裁定抗议委员会根据规则69做出的裁决。

N.2.11 一方缺席

规则69.2(f)(1)规定,如果选手提出不能参加审理的充足理由,抗议委员会需重新安排审理。

规则69.2(f)(2)规定,如果该选手不能提供缺席审理的充分理由且没有出席审理,抗议委员会可以进行缺席审理。如果委员会在选手未出席的情况下进行,并对选手做出了判罚,那么认定的事实、裁决及其理由需列入规则69.2(j)所要求的报告中。

根据规则69.2(k),如果抗议委员会选择在选手缺席的情况下不召集审理,或如果审理不能安排在选手可出席的时间和地点,抗议委员会需收集所有可用信息,如果指控看起来是合理的,要向相关国家管理机构报告。如果抗议委员会是由世界帆联根据规则89.2(c)任命的,它需向世界帆联发送报告副本。当抗议委员会已经离开了赛事却收到了涉嫌违反规则69.1(a)的报告时,规则69.2(k)适用。竞赛委员会或组织机构可以任命新的抗议委员会依据此规则处理。

N.2.12 撤案

在审理之后,如果认定品行不端的指控没有得到证实,抗议委员会应对此清楚说明。规则 69 审理的消息将传遍整个赛事,保护选手的声誉是很重要的。

N.2.13 判罚

如果品行不端的指控得到证实,规则 69 审理的结果不必是施加判罚;可以给予警告。例如,在轻微的品行不端行为之后接着为该品行不端道歉,警告可能就足够了。警告、等同于或轻于 DNE 的判罚通常无需向国家管理机构报告〔参见以下有关规则 69.2 (j)(3)的讨论〕。如果将某人驱逐出赛事或场馆,则必须将此判罚报告给该国家管理机构。

抗议委员会可在适当的情况下禁止选手及其船进一步参加赛事或系列赛。最严重的判罚是将该选手从整个赛事中取消资格,因为抗议委员会无权超出其管辖范围做出超出赛事的判罚。

抗议委员会也可以在其管辖权范围内采取任何措施(前提是规则中有所规定)。

除正常张贴在官方公告栏上的审理结果外,通常不应公布结果(参见《世界帆联品行不端指南》中的建议措辞)。

N.2.14 在世界帆联赛事报告中报告审理的细节

国际仲裁委员会的《主席赛事报告表》(在 ijreport.org 上下载)应记录是否进行了判罚。应包括充分的细节,以便读者理解为何做出这样的裁决。不得包括名字。

N.2.15 对裁决的上诉

只有当抗议委员会不是合理建制的国际仲裁委员会或抗议委员会(根据规则 70.5,上诉权被驳回)时,选手才可以对裁决提出上诉。

N. 2. 16 向国家管理机构报告

认定的事实所针对的人有权获得审理程序的副本以准备上诉，或在另一个可能施加进一步判罚的主体(如其所在的成员国管理机构或世界帆联)前辩护。

警告不是判罚。当判罚轻于或等同于 DNE 时，无需向国家管理机构报告。

当判罚重于 DNE 时，该案件必须报告给涉及人员所在的国家管理机构，或者在特定情况下，报告给世界帆联而不是其国家管理机构。报告应详尽，因为国家管理机构将依此来决定是否进一步调查此事。抗议委员会对是否要施加进一步判罚的建议也是很有用的。尽快提交报告，这样不会忘记重要的问题，选手也能够知道是否会有进一步的制裁。对其他人而言，看到该事件及时得到了解决，这一点也很重要。在报告这些事情上的过度拖延会使本项目的纪律管理受到损害。应给选手一份报告副本。

规则 69. 2 (j)(3)允许抗议委员会在其认为适当的任何情况下向国家管理机构报告其裁决。这可能包括抗议委员会已经判罚了 DNE 或比 DNE 轻的案件。但是，抗议委员会应非常谨慎地使用这一权利，并向选手解释其理由。抗议委员在没有施加其权限范围内的惩罚时就将其酌情处理的报告向上提交是很少见的。如果在赛事上抗议委员会无法解决问题而要让国家管理机构或世界帆联参与进来解决，必须要有充足的理由。特别是，抗议委员会不应仅因为不想处理难以对付的品行不端的问题就向上提交报告。

N. 2. 17　国家管理机构的措施

当抗议委员会被要求向国家管理机构提交报告时，要尽可能多地提供信息和证据，趁着证人还能记清赛事细节的时候，以协助其他纪律主管部门在稍后做出最佳裁决。这可能包括记录提交给抗议委员会的证据。

O 选手分级 —— 世界帆联规章 22

O.1 介绍

根据世界帆联规章 22,世界帆联选手分级法规为业余选手和职业选手的分级提供了一个国际体系。分级是基于竞赛的资金参与,无论是直接的还是间接的,以及选手在竞赛中发挥船只性能所使用到的知识与技能水平而进行的。该法规把选手分为两组:第一类选手仅是将参与竞赛作为消遣,而第三类选手参加帆船竞赛或服务是作为工作而取酬的。

不应将选手分级法规与为世界帆联残障赛事的选手设计的世界帆联残障功能分级体系相混淆。

赛事和级别没有使用分级体系的义务。但如果要分级,世界帆联分级法规是唯一应该使用的体系。

如果你被任命为分级限制适用的赛事的抗议委员会,你应自行熟悉分级的要求。较好的开端是学习《官员的指导说明》,可在下述世界帆联网站上查阅:

http://www. sailing. org/tools/documents/ISAFSailorClassi ficationGuidanceNote sfor1April2010-[13764]. pdf

世界帆联选手分级委员会代表世界帆联管理分级体系。委员会有许多职责,包括:

• 裁定选手的分级申请;

• 审理上诉;

• 与级别协会和赛事联络;以及

• 就分级法规的适用性提供指导。

在一些使用此法规的赛事上,会安排委员会成员亲自到场或通过电话提供指导。

本章节讨论了在分级赛事上可能会影响到仲裁的一些情况。委员会可随时向官员提供协助和指导，可以通过世界帆联办公室（classification@sailing. org）进行联络，紧急情况下可联系委员会主席，其具体信息可在《世界帆联年鉴》中查阅。如果你表示事关紧急，需要确认相关信息时，委员会通常可以在短时间内回复或实施调查并给予回复。

分级问题可能引发选手和船东的强烈反应。临近比赛开始时的分级变化可能需要变更参赛的船员名单，随之影响某船的训练和竞争能力。通常表现为可出现法律诉讼，法律代表会与赛事组织者联系。在出现此类问题的赛事上，立刻与世界帆联办公室和委员会联系，因为他们有处理类似问题的经验，并通常能够提供帮助。

O.2 竞赛通知 / 航行细则

级别规则没有相关规定的情况下，竞赛通知或航行细则应包括提及选手分级的船员限制规则。

例如，可以限制一条船上的第三类船员的数量，或舵手必须是第一类的。重要的是要求的书写要明确无误。上述提及的指导说明中有相关标准措辞，应尽可能地遵照使用。

每个级别或赛事自行决定想要使用的分级体系；世界帆联没有要求任何级别或赛事必须这样做。唯一的要求是，如果使用分级，世界帆联体系是唯一可使用的体系。

一些级别有额外的要求，例如禁止在最近 10 年内参加过奥运会或美洲杯的舵手参赛。这些不是分级的要求，但却是允许的。为了船员限制规则起见，某级别或赛事认定不持有有效分级的选手是第三类的选手，这也是允许的（且是世界帆联建议的）。

但是,不允许有规则规定某种类型的个人是或者不是第一类或第三类的。只有世界帆联才能做出此类裁决。

O.3　抽查

对于一些赛事,委员会成员可能会参与报到并对选手进行审查。如果理由充分(例如,若分级错误),委员会成员有权更改选手在赛事上的分级。

委员会成员的存在应在竞赛通知中说明,且出席审查应作为竞赛规程中的一条规则强制执行。委员会成员将与赛事组织者或级别协会协商制定审查名单,并公布在官方公告栏上。审查通常在报到结束前开始,并总是在竞赛开始前结束。

审查最初由委员会成员单独进行。如果委员会成员有理由相信选手的分级可能需要更改,那么审查将暂停,之后选手将被召回进行第二轮审查。然后在证人在场的情况下进行第二轮审查,委员会成员通常会请一名仲裁作为证人。如果被邀请(且你同意的话),仲裁的作用只是独立地记录审查内容。最后,委员会成员将向选手宣布他(她)的裁决。选手可就将其重新分级的裁决提出上诉,但这必须在线完成,而且不太可能在一个月内完成。在此之前,法规规定委员会成员的裁决在本赛事上具有约束力。由于委员会不包含在规则 62.1(a)的范围内且没有其他补偿程序适用,选手不能就此要求补偿。

O.4　抗议

如果出现以下情况,一条船可以在船员信息截止时限之后、分级抗议时限之前(或在张贴了更改的船员名单之后 24 小时)就以下问题提出抗议:

- 选手申请分级时没有披露的可能导致更高分级的信息；或

- 选手自分级起，从事了与其分级不相符的活动。

以上的任何一种情况，该船就后会违反竞赛通知、航行细则或级别规则中的船员限制。

此类抗议是很有难度的，需要与委员会紧密联系。抗议委员会也需要考虑法规中第三类活动的类型（活动清单见世界帆联规章 22.2.2），以及如何最好地评估选手是属于哪一类别的。

委员会发布的常见问题解答有助于将这些适用到不同情况之中。

www. sailing. org/classification/

委员会可以指出问题的类型以及应提交的证据。

与丈量抗议一样，抗议委员会对选手分级存在疑问时，可以将发现的事实提交至委员会，以征求其意见。委员会的答复对抗议委员会具有约束力。

根据更改了规则 63.3（a）的法规，被抗议者有权在抗议者缺席的情况下，根据要求提供个人或私人性质的证据。抗议委员会不得在其裁决中记录该证据。如果抗议委员会在审理证据时不认为其是个人或私人性质的，则必须忽略该证据，除非在抗议者出席的情况下再次提交该证据。

法规中规定了判罚内容。如果该船尚未参加竞赛，她不会被判罚。如果她已经完成了一轮或多轮竞赛，那么判罚是取消其每一轮的资格，除非该抗议是由竞赛委员会根据分级委员会的报告而发起的强制抗议，在这种情况下，判罚由抗议委员会自行裁量。（详见 O.6）。

抗议委员会无权更改分级，只能确定其是否应该有所不同。

它必须向委员会报告有关抗议的裁决，以及抗议委员会审理的所有证据的细节（包括任何私下提交的证据）。

O.5 船员限制的抗议

当一条船未完全遵守竞赛通知或级别规则时（例如，船上第三类选手的数量超过限制或者由不允许其掌舵的选手来掌舵），当然可以根据规则提出抗议。在这种情况下，抗议委员会将对该抗议适用有关时限、有效性、判罚等常规规则。世界帆联网址上列出的针对选手的分级在这些案件中是最权威的。

O.6 委员会对分级的更改

如果委员会在赛事期间更改了选手的分级（例如由于审查），那么委员会可以将更改追溯到赛事开始时。如果委员会认为某船会就此违反船员限制规则，它将向竞赛委员会报告此事，然后竞赛委员会必须抗议这条船。在这种情况下违反规则的判罚由抗议委员会自由裁量。

O.7 收到的其他投诉或信息

如果抗议委员会在赛事上收到的投诉或信息可能会引起对选手分级的怀疑，但无论什么原因并没有抗议提出，则应通过世界帆联办公室向委员会秘密报告该信息。此信息可能会影响到委员会的进一步裁决。

P 远洋与离岸赛的执裁

序言

本章为仲裁提供离岸赛和远洋赛的信息和帮助。为了便于阅读和理解，它遵循了竞赛规则附录 N 的框架，描述了国际仲裁委员会的职责。本章提到的抗议委员会（PC）通常是按照国际仲裁委员建制的。本章考虑到了远洋和离岸赛要求的程序可能不同于竞赛规则，但尽可能地尊重了竞赛规则第五章 B 节的基本原则。本章没有更改竞赛规则附录 N，但列出了离岸赛和远洋赛的一些特殊惯例。

P.1 抗议委员会的构成和组织

P.1.1 构成和应具备的技能

国际仲裁委员会必须按照附录 N 的要求构成。为了控制成本，组织机构可能会为仲裁委员会会议做出不同的安排，包括电话会议。

大多数成员应具有作为远洋或离岸赛选手的丰富经验，包括离岸航海技术、极端条件和恶劣天气下航行，以及在人手短缺的情况下参加竞赛。有必要了解导航计算、跟踪系统、电子海图、GPS 和气象分析，以确定适当的判罚和补偿。如果抗议委员会不具备相关技能，则可以召集独立专家。竞赛委员会或赛事总监也可提供信息和技术支持。

还需要充分了解《国际海上避碰规章》（IRPCAS）和《世界帆联离岸赛特别规章》（OSR）。

P.1.2 组织

建议在竞赛开始和结束前召开整个抗议委员会都出席的会

议。在竞赛期间,可以通过电子邮件、电话会议或其他方式远程解决相关问题。所有仲裁在整个竞赛期间必须能联系得上。

对于有不同赛段的连续性竞赛,主席和抗议委员会的另一名成员最好能就位于整个竞赛。在竞赛的某一航段上,当地仲裁可加入抗议委员会中,前提是其具备所要求的全部技能。

P.1.3 首次会议

建议在整个抗议委员会的首次会议上安排抗议委员会内部的通信方法和响应机制。所有成员应熟练掌握所选用的技术。其目标是要制定一项政策,以减少误解,以及在讨论判罚或补偿裁量时确保保密性。

建议抗议委员会成员熟悉本手册的H7,与媒体的交流。除此之外,有必要至少与组织机构、竞赛管理、竞赛委员会和技术委员会一起召开一次完整的赛前会议,以确定并理解每个委员会的角色和责任。

抗议委员会成员必须能敏锐地处理与应急状况、严重事故或与选手险境有关的任何信息。必须保护信息的机密性。《世界帆联竞赛官员手册》和离岸赛特别规章附录 E 都提供了危机管理的指导。

抗议委员会为了透明化可提前公布其自由裁量判罚的政策。

P.2 责任

P.2.1

如竞赛规则附录 N2.1 所述,"国际仲裁委员会对审理和裁决所有抗议、补偿请求和其他根据第五章规则所产生的事件负责。当组织机构或竞赛委员会要求时,国际仲裁委员会应当在任何直接影响到比赛公正性的事件中给予建议和帮助"。

最后一句非常重要。竞赛管理、竞赛委员会、技术委员会和抗议委员会应作为一个团队协同工作,每个委员会都有自己的责任,并相互收集有用的信息。

所有竞赛官员间保持良好的工作关系是至关重要的,特别是要一起共事很长一段时间时。同时,国际仲裁委员会保持其独立性与公正性也是同样重要的。

P.2.2 保密性

必须妥善处理有关丈量、安全器材或级别要求的赛前抗议。可能会涉及有关器材或竞赛的敏感信息,并可能引起媒体的关注。仲裁必须格外小心地来保护这些信息。

P.2.3 确定组织机构提出的问题(竞赛规则附录 N2.3)

- 赛前:
  - 检查航行细则是否与竞赛通知、级别规则、任何相关的国家规定以及竞赛规则的更改保持一致。
  - 商定竞赛管理的目标,牢记规则 85、86、87 和 88。
  - 确定并公布任何自由裁量的判罚,或如何计算导航类的判罚。
- 赛中:
  - 在竞赛的不同阶段可能还需要大量的咨询,如出于安全原因,重新定位航道门、延长或缩短竞赛。
  - 为组织机构、竞赛管理或竞赛委员会的咨询提供规则方面的建议。
  - 赛后:
  - 罚款、品行不端等(如果有的话)。

P.2.4　航行细则中更改的具体规则

航行细则可以对竞赛规则做出不同的更改。以下列出的内容虽不详尽，但说明通常需要在航行细则中解决的许多问题：

P.2.4　a）与抗议程序及抗议委员会裁决相关的示例

- 根据规则86更改规则第五章中的抗议程序，以确定进行审理的不同方法。
- 检查航行细则中是否更改了规则64.1，以便抗议委员会可因违反具体规则而进行除了DSQ之外的自由裁量的判罚，规则28、29、31为典型示例。
- 涉及导航和违反第二章规则的自由裁量的判罚应在审理中计算。
- 选手在赛前、赛中和赛后提交抗议的不同时限。
- 规则61的更改，竞赛委员会、技术委员会、抗议委员会的不同时限。
- 如果在竞赛期间，如果由于政府或官方机构的行为导致了某船停赛或迟到，她有权要求补偿的情况。

P.2.4　b）与规则41，外部援助相关的示例

- 组织者经常会禁止使用网络路由，并向赛事的所有参与者提供或限制访问共享的天气预报文件。与竞赛管理确认其操控方式以及是否可靠。
- 是否允许接受来自岸上的有关船上维修的技术建议？
- 是否允许技术性暂停？
- 是否允许在竞赛期间接受口头的外部援助以解决医疗问题？
- 哪一种外部援助是允许的。

P.2.4　c）与安全相关的示例

- 在赛前参加安全简报会。
- 出于安全原因，为抢航的船更改规则 30。
- 为规则第二章和规则 31 的违规情况的判罚更改规则 44。
- 竞赛管理方面要为安全方面的问题安排无线电通信时段。

P.2.4　d）与导航相关的示例

- 具体的禁航区域、分道通航制（TSS）。
- 规则第二章适用的具体时间和地点，《国际海上避碰规则》适用于竞赛船之间的时间和地点，请记住《国际海上避碰规则》总是适用于船舶之间的。
- 起航程序时的保护（禁止）区（通常是起航前 1 小时或更长时间）。
- 虚拟标志（参见实验性的附录 WP）。

http://www.sailing.org/documents/racingrules/experimental-rules.php）

- 紧急、维修或医疗情况下，向竞赛委员会报告后，是否可以使用发动机进入港口？
- 是否允许船进港？
- 是否允许在港口内拖船上岸？
- 是否允许船员在技术维修停靠期间上岸？
- 是否可以在竞赛期间出于医疗原因更换船员？

P.2.4　e）与竞赛通知和航行细则中媒体需求相关的示例

- 参加新闻发布会和 / 或开幕式和颁奖仪式、序幕赛或遵守规则 80。
- 出于媒体目的，由竞赛管理安排的音频或视频采访。

P.3 程序

即使离岸赛和远洋赛有自己特定的审理程序,抗议委员会必须始终保护每一方的辩护权,无论采取了何种审理程序。在竞赛期间安排审理时,无论是通过电子邮件或其他方式,都应考虑到选手的疲劳状况或天气情况。审理时间应征得双方的同意。

P.3.1 起航前的抗议委员会操作

如果可能的话,整个抗议委员会应在现场。

如果需要在起航前进行审理,抗议委员会应当知道没有让任何一方查看公告栏的要求。因此,如果要召集选手或后援人员参加审理,通知应以书面形式递交至其本人。

P.3.2 竞赛期间抗议委员会的操作

起航后,组织者通常希望在到达终点前解决所有抗议或补偿要求。召集审理和裁决的电话会议的时间必须考虑到抗议委员会成员可能处于不同的地点和时区。主席应给予成员足够的时间来回复邮件,并设置一个回复时限。

P.3.2 a) 起航程序

涉及第二章规则的抗议很可能是发生在起航程序期间或第一次绕标时。让抗议委员会成员下水是很有帮助的。请记住,选手可能更倾向于专注竞赛、避免事故,而不是花时间进行电话会议审理或撰写一份完整的声明,特别是在竞赛初期。根据天气和自身进度,他们稍后可能会回复邮件或其他书面交流。

如果就有关规则第二章的事实或《国际海上避碰规则》的争议没有达成一致,通常最好是在到达终点后召集审理。如果有损坏和补偿要求,可能会有例外。

P. 3. 2   b）公海

一条船抗议另一条船或另几条船的情况并不常见。抗议大多是来自竞赛委员会、技术委员会和抗议委员会。

竞赛委员会提出的抗议通常与违反《国际海上避碰规则》有关，包括与 TSS 相关的 B 章规则 10。（请记住，一些违反《国际海上避碰规则》的行为可能会由国家海事高等法院进行审理。）

一旦抗议委员会成员的绝大多数成员很清楚地达成了一致意见，就可以做出裁决并传达给相关各方。复印件需发送给其他所有委员会，以供实际应用与信息提供。

P. 3. 2   c）到达终点后

由竞赛委员会和技术委员会提出的抗议通常都是涉及撕掉封条或丢失器材的情况。

P. 3. 2   d）判罚范围

在持续时间较长的竞赛中，因为违反规则而取消选手资格通常是不合适的。例如。沃尔沃环球帆船赛、费加罗帆船赛或旺代环球帆船赛中是没有 DNE 的。

竞赛时间越长，组织者就越不想看到一条船被取消资格。大家更倾向于自由裁量的判罚。

DPI 的使用应在航行细则中有所规定，并且可能根据组织机构和竞赛文化的要求而变化。迄今为止，在离岸赛和远洋赛上还没有一致性地 DPI 使用方法，但许多组织者已开发出了解决判罚问题的模板。抗议委员会应与竞赛委员会、选手、组织者合作，以达成管理预期。

以下是常见的自由裁量的判罚类型：

• 按竞赛用时百分比施加的时间罚分（持续时间相对较短的离岸赛）。

- 在竞赛用时上加上"日／时／分"的时间罚分。
- 罚停,在规定时间段之后去绕过同一航路点。
- 停留惩罚,在港口内停留至少一段时间。
- 违反媒体义务的罚款。这些也可能是组织机构使用的无需审理的标准判罚。需要在航行细则中指出。

P.3.3 补偿要求

这是抗议委员会在离岸赛和远洋赛的工作中最困难的部分之一,因为给予补偿可能会对单一航段赛事的成绩产生直接影响。

- 起航程序期间的事件的补偿要求,通常是船与船之间的抗议造成的。
- 由于竞赛委员会、抗议委员会、组织机构或技术委员会涉嫌不当行为而导致的某船的补偿要求。例如,观赛船挡住了一条参赛船的情况,航行细则中规定组织机构有责任提供安全区域。
- 由于给予或试图给予帮助处于危险中的人或船舶而要求补偿。

给予补偿的阈值通常表现为减少比赛用时,而不是减少修正时间。

鉴于媒体的关注,有关补偿的裁决最好尽快做出并公布,如果可能的话,最好在船到达终点前。

彩图

注：
- 每名现场裁判位于船群的1/4加1条船，在有20条船的小组赛中，每名现场裁判观察6条船的小组（因此会有重叠）。
- 若有3名现场裁判，则在第一圈翻掉U4，留下U2。若有2名，则删掉U2和U4。
- 如有2圈以上，则根据需要重复位置6到8。

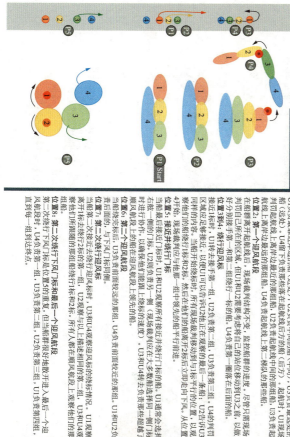

FIRST LAP

位置1：起航前和起航时
U1负责靠近下风端的船（近右），U2负责中间的船（中间），U3负责靠近上风端的船（远右），U4负责那些排在起航线后方的船（后方）。起航时，U1观察起航线上离岸边最远的那组船，U2负责接近他们的那组船，U3负责接近上风端的那组船，U4负责起航线上第二靠近的那组船。

位置2：第一个迎风航段
在船群离开起航线后，现场裁判结构不变，监控船群移动的进度，尽管只需现场裁判自己所在的航区。当U1和U2需要考虑不同的站位移动到U3之前，好分别接手第一和第二组船，U4负责第四组船。

位置3到4：绕行迎风标
接近1标时，U1转去接手第一组，U3负责第三组，U4的判断应在大多数船选择行驶的区域周围接近，以便U1可以估计他们在接近U3标时的速度，以观察其他的内容。当船开始绕标时，所有现场裁判移动到与标平行的位置，从位置4行动。

位置5：接近并绕行门标
当船最靠近接近迎风标时，U1和U2观察接近行门标的船，U3常常会选择右舷一侧的门标，U2则负责另一侧（课当场裁判选择同一侧门行进行协作，以确保他们能覆盖上绕标的速度）以观察其他的那些船段上绕标的速度。

位置6：第二个迎风航段
船绕标完成后，U3负责前面较远的那组，U4负责前面较近的那组。U1和U2负责绕过标后立即走向下风，然后行在他们的船群绕过2标的一组中领先的船。

位置7：第二次绕行迎风标
离开标后，这次接近行2标的第一组，U2观察以上离他相同的顺风航段。U3和U4观察其他的船。

位置8：第三次绕行下风门标和最后一个迎风航段
第三次绕行下风门标是位置5的重复，但当船群很短好地散开行进入最后一个迎风航段时，U4负责第一组，U1负责第二组，U3负责第三组，U2负责第四组，直到每一组到达终点。

REMAINDER OF RACE

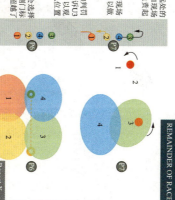

Repeat X laps and then to finish

规则42起航线上的犯规：
摇舵
身体晃动摇帆
在小风中滚动

仲裁2负责起航线的左侧及船群的50%

仲裁1负责起航线的竞赛委员会
船（起点船）一端

规则42在迎风标处的犯规

用身体摇帆
用缭绳摇帆

在小风中滚动
过度的滚动式迎风换舷

仲裁2

仲裁1

仲裁监控船群但重点关注相遇的船和靠得近的船。

规则42在迎风标处的犯规

仲裁的显见性非常重要。

摇舵
用身体摇帆

在小风天滚动
过度的滚动式迎风换舷

仲裁1

仲裁2

规则42在顺风航段上的犯规

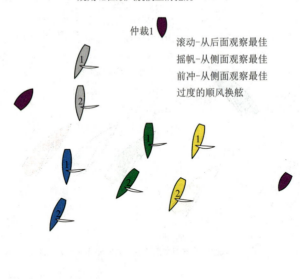

仲裁1

滚动-从后面观察最佳
摇帆-从侧面观察最佳
前冲-从侧面观察最佳
过度的顺风换舷

规则42最后一个横风航段上的犯规

摇帆
用身体摇帆
滚动

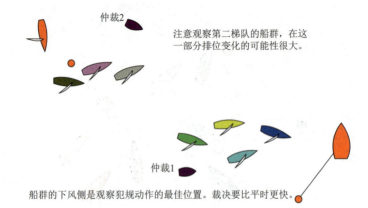

仲裁2

注意观察第二梯队的船群，在这
一部分排位变化的可能性很大。

仲裁1

船群的下风侧是观察犯规动作的最佳位置。裁决要比平时更快。